SEGUIR O MESTRE
I

Antônio Francisco Blankendaal

SEGUIR O MESTRE
I

Batismo e/ou confirmação e eucaristia de adultos

Plano geral da obra e adaptação catecumenal
Antonio Francisco Lelo

Dados Internacionais de Catalogação na Publicação (CIP)
(Câmara Brasileira do Livro, SP, Brasil)

Blankendaal, Antônio Francisco
　　Seguir o Mestre : volume I : batismo e/ou confirmação e eucaristia de adultos / Antônio Francisco Blankendaal; plano geral da obra e adaptação catecumenal, Antonio Francisco Lelo. – 3. ed. São Paulo : Paulinas, 2014. – (Coleção água e espírito)

　　Obra em 2 v.
　　Bibliografia.
　　ISBN 978-85-356-3720-5

1. Batismo 2. Catecumenato 3. Catequese – Igreja Católica 4. Crisma 5. Educação cristã de adultos 6. Eucaristia I. Lelo, Antonio Francisco. II. Título. III. Série.

14-01510　　　　　　　　　　　　　　　　　　　　CDD-265.13

Índice para catálogo sistemático:
1. Catecumenato com adultos : Iniciação cristã : Cristianismo 265.13

Direção-geral: *Flávia Reginatto*
Editores responsáveis: *Vera Ivanise Bombonatto*
Antonio Francisco Lelo
Copidesque: *Gilmar Saint'Clair Ribeiro*
Coordenação de revisão: *Marina Mendonça*
Revisão: *Ruth Mitzuie Kluska*
Direção de arte: *Irma Cipriani*
Gerente de produção: *Felício Calegaro Neto*
Capa: *Wilson Teodoro Garcia*
Editoração: *Ana Maria Onofri*

Nenhuma parte desta obra poderá ser reproduzida ou transmitida por qualquer forma e/ou quaisquer meios (eletrônico ou mecânico, incluindo fotocópia e gravação) ou arquivada em qualquer sistema ou banco de dados sem permissão escrita da Editora. Direitos reservados.

3ª edição – 2014
1ª reimpressão – 2017

Paulinas
Rua Dona Inácia Uchoa, 62
04110-020 – São Paulo – SP (Brasil)
Tel.: (11) 2125-3500
http://www.paulinas.org.br – editora@paulinas.com.br
Telemarketing e SAC: 0800-7010081
© Pia Sociedade Filhas de São Paulo – São Paulo, 2007

Apresentação

Você tem em mãos um instrumento que vai ajudar sua turma a fazer a experiência de Deus em suas vidas. *Seguir o Mestre – Batismo e/ou confirmação e eucaristia de adultos* nasceu da experiência de preparação sacramental com adultos e jovens nas comunidades do Vale do Jequitinhonha (MG), que não tiveram muita oportunidade de conhecer o Jesus do Evangelho e viver com ele de modo mais consciente.

Este projeto catequético tem o objetivo de inseri-los na vida da comunidade cristã. Por isso propõe um caminho catecumenal para os que não foram batizados, ou que ainda não completaram o processo de iniciação cristã, isto é, não receberam a devida catequese, nem o sacramento da confirmação ou mesmo a eucaristia.

Prevê a duração de dois anos de aprofundamento com os candidatos. Este primeiro volume, em 43 encontros, busca oferecer uma primeira evangelização aos participantes. Traz a celebração do início do catecumenato que está situada após a formação do grupo, o conhecimento do plano de Deus na história e os passos principais do discipulado segundo o evangelho de Marcos. Este evangelho foi usado no final do primeiro século para ajudar os adultos que se convertiam a Jesus. O itinerário sacramental da iniciação cristã se completará no segundo volume.

Que o Espírito Santo ilumine os catequistas e os participantes, a fim de que todos possam viver a alegre convicção de sua fé em Jesus.

Frei Antônio Francisco Blankendaal
Jequitinhonha/MG
Caixa Postal 31 – CEP 39960-000

Plano geral da obra

O embate da compreensão da fé diante das exigências da vida requer discernimento, diálogo e abertura para enfrentar com maturidade os desafios da sociedade pluralista.

A maturidade da fé, objetivo da catequese, concretiza-se com adultos-discípulos que se põem no seguimento do Mestre, aptos para viver os valores do Evangelho em um continuado exercício de discernir os sinais do Reino na turbulência diária da cidade, no bombardeio dos meios de comunicação.

A UNIDADE DA INICIAÇÃO

Hoje há o esforço de entender os sacramentos da iniciação cristã – batismo, confirmação e eucaristia – mutuamente referenciados por um dinamismo interno que os animam e produz a participação no mistério pascal. Com a diminuição da quantidade de batismo de adultos e a celebração da iniciação em três etapas, historicamente o processo se mutilou. Já não ocorre a unidade prevista em sua origem e a preparação que os antecedia se descaracterizou.

O processo de iniciação cristã tem a finalidade de produzir a configuração do catequizando em Cristo: "Eu vivo, mas não eu: é Cristo que vive em mim" (Gl 2,20). A iniciação cristã coloca-se como um caminho a ser percorrido quando tal identidade vai sendo alcançada paulatinamente. Se na pastoral paroquial cada sacramento for considerado de forma isolada, a consecução desse objetivo permanecerá cada vez mais distante.

Há que conceber os três sacramentos não separados uns dos outros, com efeitos diversos sem ligação entre si, mas apresentar o "grande sacramento da iniciação cristã" a partir da vivência e especificidade própria de cada um deles, ligados à matriz da raiz iniciatória. A finalidade da iniciação é uma só: alcançar a maturidade em Cristo (cf. Ef 4,13), isto é, formar a identidade cristã. Só depois de uma catequese adequada e da celebração dos três sacramentos poderemos dizer que a iniciação cristã está completa.

> Uma prática litúrgico-catequética que respeite a unidade destes três sacramentos ajudará a superar a prática pastoral fragmentada e desarticulada, e a construir verdadeiros processos de iniciação cristã. A prática da unidade da Iniciação Cristã ajudará os fiéis a forjar sua identidade, e a comunidade eclesial a descobrir-se como comunidade de discípulos e missionários [...] comporta uma mudança de paradigma que compromete a Igreja no acompanhamento de todo cristão, para que percorra o caminho completo de sua iniciação.[1]

Jesus veio ao mundo para prosseguir o projeto libertador e inaugurar o Reino. Reino é justamente tudo o que está de acordo com a vontade do Pai. O Reino acontece quando todos dão espaço ao irmão e a Deus em sua vida. Mas, a resistência contra o projeto do Pai foi crescendo. Após três anos de sinais e de pregação, Jesus foi para Jerusalém. Todos pressentiam sua morte.

Neste contexto, Jesus se senta à mesa com os doze, pela última vez; então celebra a páscoa, a ação libertadora de Javé, e sela a nova aliança. Está disposto a ir às últimas conseqüências na fidelidade ao projeto do Pai, na fidelidade ao amor e ao serviço por todas as pessoas. A morte de Jesus foi conseqüência da resistência do pecado contra a novidade de vida inaugurada por ele no Reino.

Pelo batismo entramos na nova família de Jesus, e, conseqüentemente, nesta nova dinâmica que Jesus traz do Pai. São Paulo diz: "Somos batizados na morte de Jesus" (Rm 6,5). Isto quer dizer que pelo batismo fomos profundamente identificados com a morte de Jesus. Pelo batismo, morremos para o pecado, entramos em luta contra ele e por isto somos identificados com a morte de Jesus.

---
[1] III Semana Latino-americana de Catequese. Discípulos e missionários de Jesus Cristo. *Revista de Catequese*, ano 29, n. 114, abril/junho 2006. p. 49.

Batismo, porta da vida espiritual, propicia a primeira participação na morte e ressurreição de Cristo, marca o começo do caminho, constitui o momento inicial de identificação com Cristo no seu mistério pascal, no qual o batizado é transformado radicalmente.

Jesus diz: "É necessário nascer da água e do Espírito Santo". O batismo é o sinal deste nascer de novo. "Nascer de novo" é um processo que acontece no coração da pessoa. E a força do Espírito Santo leva a atitudes, a opções, a um modo de viver diferente.

Como o mistério pascal de Jesus (sua vida-morte-ressurreição) está definitivamente em nós, pelo batismo, agora nos cabe a tarefa de desenvolver a dinâmica da páscoa de Jesus. O homem velho (marcado pelo pecado, pela resistência às coisas de Deus) tem de morrer por nossa opção. E o homem novo (a pessoa marcada pelas propostas de Jesus) deve ser desenvolvido no esforço constante de todos os dias.

A cruz de Jesus é sinal de doação e serviço. Ela é conseqüência da fidelidade ao projeto salvífico de Deus. Todo cristão torna-se um sinal de contradição assumindo os valores do Reino em contraposição aos valores do mundo.

No batismo de Jesus por João vemos o sentido que Jesus dá à sua vida. O céu se rasga e desce o Espírito Santo. Jesus está com a força do alto, é ungido para a missão. A voz de Deus diz: "Tu és meu filho amado. Em ti encontro o meu agrado" (Lc 3,22). Jesus é reconhecido e ungido pelo Espírito como o "Servo de Javé" (Is 42,1-2) no meio da humanidade. Jesus cumpre a vontade do Pai de salvar a humanidade, lutando contra o pecado, por isso recebe o Espírito em plenitude. Olhando Jesus sabemos qual é nossa missão, nossa vocação.

Assim, desde o seu batismo, o cristão aprende que viver em Cristo é amar sem limites, é doar-se a si mesmo em favor dos outros. Mesmo que isto resulte em sofrimentos, incompreensões e até perseguição, como aconteceu com Cristo. Nessa ótica, amar, pensar, viver e sofrer como Jesus torna-se a fonte de onde emana o testemunho na missão, na qual se assume conscientemente os desafios a serem enfrentados.

Nosso batismo e crisma é como o dele, uma missão, uma vocação. Como Jesus recebemos a mesma força do alto, a força do Espírito Santo, para formarmos um novo corpo, nova presença física de Jesus na história. A missão de Jesus e a nossa se desdobram de muitas maneiras para contribuir para a finalidade comum: estar a serviço da humanidade para que a vontade de Deus Pai se realize plenamente.

Assim a missa é para nós o memorial do mistério da páscoa de Jesus. Ela mostra o coração com que Jesus viveu e foi até as últimas conseqüências. A melhor maneira de participar dessa celebração da páscoa de Jesus é comendo. Comendo entramos na intimidade com Jesus e aceitamos a partilha que ele faz de sua vida. Comendo dizemos que estamos ligados ao projeto de Jesus, ao seu reino.

A Páscoa de Cristo nos alcança no tempo para que entremos em comunhão de vida e de morte com ele para a salvação do mundo. Na celebração da eucaristia, os batizados associam-se ao sacrifício do Senhor, aprendem a oferecer-se a si mesmos, seus trabalhos e todas as coisas criadas com Cristo ao Pai, no Espírito.

A eucaristia é a consumação da iniciação, pois o batizado, incorporado à comunidade eclesial, reproduz o único sacrifício, que é o seu. Por isso, o batizado participa da liturgia eucarística e oferece a sua vida ao Pai associada ao sacrifício de Cristo. É o Cristo inteiro, Cabeça e membros, que se oferece pela salvação da humanidade. Assim, aclamamos na oração eucarística III: "Fazei de nós uma oferenda perfeita".

A configuração em Cristo, tida como transformação interior e para sempre, ocorrida na iniciação, deve ir se consolidando, se aprofundando progressivamente pela participação na vida sacramental da Igreja. Supõe-se que o batizado vive a Páscoa de Cristo cada vez mais real e plenamente, por isso na eucaristia dominical oferece o sacrifício de louvor de toda a sua vida entregue ao Reino. Assim, passamos a compreender a frase paulina: "Completo, na minha carne, o que falta às tribulações de Cristo em favor do seu Corpo que é a Igreja" (Cl 1,24).

Metodologia catecumenal

Cabe aqui compreender a catequese a serviço da iniciação cristã, cujo paradigma continua sendo a metodologia catecumenal. O modelo de iniciação na vida cristã mais antigo da Igreja é aquele no qual a celebração do batismo, da confirmação e da eucaristia é preparada pelo catecumenato. Catecumenato é uma palavra de origem grega que quer dizer "lugar onde ressoa alguma mensagem". É a fase em que os candidatos se preparam para receber esses sacramentos.

As catequeses estão entrelaçadas com as celebrações próprias do *Ritual de iniciação cristã de adultos (RICA)*. Essas celebrações marcam as várias etapas que compõem o processo de iniciação cristã.[2]

Em nosso caso vamos contemplar conjuntamente a situação de pessoas sacramentalmente distintas — catecúmenos, isto é, não batizados, e aqueles que se preparam para a confirmação e/ou eucaristia —, o que nos leva a adaptar as orações do *Ritual da iniciação cristã de adultos*.

Provada nos primeiros séculos da Igreja, essa pedagogia integra elementos essenciais para a formação da fé cristã; progressiva interação do anúncio da fé, com a sua celebração e vivência; forte acentuação eclesial porque, antes de tudo, está implicada toda a comunidade de fé na formação dos novos cristãos, processo distendido no tempo que acompanha o ano litúrgico.[3]

É uma catequese que parte do *kerigma*, ou seja, do primeiro anúncio da fé. Busca a adesão incondicional à pessoa de Jesus Cristo, proclama a novidade radical do Reino com suas bem-aventuranças, e apresenta a Igreja como continuadora da obra de Cristo porque abriga o Espírito do Ressuscitado.[4]

Tantos cristãos entorpecidos por tantas visões religiosas diferentes precisam reencontrar o núcleo da fé cristã, para aderir com consciência, já que tal anúncio fora suposto, sem ter de fato acontecido.

---

[2] Há ampla bibliografia sobre o assunto. Adaptada ao contexto brasileiro, pode-se ler especificamente a obra: LELO, Antonio Francisco. *A iniciação cristã*. Catecumenato, dinâmica sacramental, testemunho. São Paulo, Paulinas, 2006; NERY, Irmão. *Catequese com adultos e catecumenato*. História e proposta. São Paulo, Paulus, 2001.
[3] cf. CONFERÊNCIA NACIONAL DOS BISPOS DO BRASIL. *Diretório nacional de catequese*. São Paulo, Paulinas, nn. 45-50. Documentos da CNBB 83.
[4] Ibid., nn. 30-32.

A comunidade é chamada a renovar a graça batismal, se compromete pelo acolhimento e formação do catequizando, como também cuida em primeiro lugar de preparar o catequista e de tornar disponível os meios necessários para a catequese.

A presente proposta catecumenal é uma modalidade possível entre tantas formas de concretizar o caminho da iniciação cristã. O segredo está na formação de um grupo animado que se predispõe a partilhar, sobretudo, a própria vida para crescer no conhecimento da vontade de Deus e ser mais fiel ao modo de ser e de atuar de Jesus.

FALAR COM ADULTOS

A catequese com adultos assume algumas características próprias da idade adulta: protagonismo que faz o adulto sujeito de sua educação; vida que se torna amizade; transformação e mudança de si mesmo que tem como conseqüência uma nova forma de encarar a sociedade, o mundo e suas relações.

Cada um desses elementos só se explica na medida em que nos espelhamos na pedagogia do Mestre.

> Jesus ouve as pessoas e é sensível a suas angústias. Não censura a samaritana, mas a compreende e a transforma em anunciadora do Reino. Permite e estimula a experiência do encontro com ele. Identifica o toque, carregado de expectativas, da mulher que sofria de hemorragia e lhe dá uma resposta que alimenta e a faz crescer na fé.[5]

O catecumenato com jovens e adultos é o lugar da interação da vida de cada um com seus projetos, sonhos e desilusões com a pessoa de Jesus manifestada no contato direto e testemunhal da comunidade de fé.

Vamos percebendo que só é possível uma catequese dialogal que valoriza as experiências de vida e a troca de saberes. Não há postura de professor e aluno, mas sim de irmão e amigo que

---

[5] Ibid., n. 59.

quer ser companheiro facilitador e animador para suscitar uma fé refletida e pensada comunitariamente e que seja mais consoante ao coração de Cristo.

O catequista, irmão mais experiente na fé e no contato com a Palavra e os sacramentos, questiona, orienta e testemunha em primeiro lugar os ensinamentos e a prática da fé. Por isso, prefere-se dizer catecumenato com adultos. Desta forma, os adultos

> não sejam considerados simples destinatários, mas interlocutores de nossa proposta de fé. É uma catequese feita de partilha de saberes, experiências e iniciativa, em que ambos os lados criam laços (catequistas e catequizandos), buscam, ensinam, aprendem e vivenciam a vida cristã.[6]

Nos encontros catequéticos como também no andamento do processo sempre haverá a participação e a intervenção do candidato, que contribuirá com sua experiência de vida e ajuda profissional de acordo com sua capacidade.

O catequista, para tanto, deve superar a mentalidade de uma catequese-aula, que se assemelha à escola, à aula de religião. Se o catequista reproduz, em sua catequese, os modelos de uma educação escolar, ele não faz verdadeira catequese.

A grande missão do catequista é a de preparar seus catequizandos para viver como Igreja. Deve despertar para um engajamento e um protagonismo verdadeiro em todos os âmbitos da vivência social, seja política, seja sindical, seja cultural etc., onde o critério de discernimento e de vivência dessas dimensões seja a fé e a vida em Cristo Jesus.

Ora, uma catequese com essa envergadura não combinará com comunidades que não estejam dispostas à mudança. Por isso, o mesmo estudo que viemos citando diz com veemência:

> Se queremos cristãos adultos, maduros, sujeitos constrututores do seu próprio desenvolvimento, capazes de agir e transformar a realidade na direção do projeto de Deus, precisamos de uma Igreja que favoreça tal tipo de amadurecimento.[7]

---

[6] Ibid., n. 150.
[7] Ibid., n. 157.

A catequese com adultos desafia a organização de nossas comunidades porque requer uma Igreja adulta, supõe ampla participação e comunhão dos leigos na tarefa evangelizadora. Melhor que isso, será a busca cada vez maior de competência evangelizadora por parte dos leigos, alcançada por uma formação sistemática, ecumênica e atenta às atuais correntes de pensamento.

Também estimula a Igreja a voltar-se para a missão do leigo no mundo, a retomar seu papel de fermento na massa, interessada em criar solidariedade, justiça, transformação social e cidadania.

Assim, fica bem justificada a última unidade desse catecumenato, que inclusive prevê dois estágios: um de conhecimento das pastorais da comunidade e outro de interação com os organismos responsáveis de proteger e gerar a cidadania.

PLANEJAMENTO

Todo trabalho que se pretende tal necessita ser planejado. Não nos basta boa vontade ou ter tudo dentro da cabeça, de forma a ir elaborando de "acordo com o andar da carruagem". Com a catequese não poderia ser de outra forma. É fundamental atentar para a responsabilidade de um trabalho que amadureça a "boa vontade", buscando fundamentar, cada vez mais, o que já se faz. O amadurecimento da formação torna possível a organização, a coerência dos pensamentos e das práticas, o respeito, a afetividade, humildade e identidade do que já se faz. A isso denominamos processo.

O grupo catecumenal que se pretende formar com jovens e adultos merece ser observado atentamente pela equipe animadora. Essa *observação ativa* possibilitará elaborar um *diagnóstico* do grupo com seus principais interesses e carências.

> Uma catequese verdadeiramente adulta parte da própria situação religiosa dos catequizandos, para um progressivo caminho de fé: sua história pessoal de busca de Deus, suas experiências anteriores com a catequese ou com o Evangelho, sua visão de mundo, seu maior ou menor contato anterior com a Igreja.[8]

---

[8] CONFERÊNCIA NACIONAL DOS BISPOS DO BRASIL. *Com adultos, catequese adulta*. São Paulo, Paulus, 2001. n. 155. Estudos da CNBB 80.

Então, poder-se-ão estabelecer *metas e objetivos* simples, mas concretos, que orientarão as discussões do grupo.

Com liberdade, a equipe cuidará de adaptar as atividades propostas ao perfil e às necessidades do grupo, e escreverá o *plano de atividades* estabelecendo datas e atribuindo responsabilidades. Cuidará das disposições práticas para o bom andamento de todo o processo.

São indispensáveis a revisão e o controle do andamento das atividades pela equipe. Veja bem, vamos estabelecer um processo, um caminho de educação da fé em que, mesmo com o diagnóstico já refletido sobre o perfil dos participantes do grupo, e mesmo após a equipe ter traçado os objetivos e prazos, permanece a necessidade da *avaliação contínua* que a equipe aplica sobre o andamento das atividades do grupo, a participação e interesse nos debates. Essa avaliação acontecerá constantemente e permitirá à equipe corrigir a rota, estabelecer novas metas a curto prazo, sem comprometer o objetivo maior.

Equipe catecumenal

Antes de tudo há que constituir uma equipe disponível para essa missão, que tenha aptidão para trabalhar com adultos. É muito importante haver uma preparação prévia dessa equipe juntamente com o pároco para aprofundar essa metodologia e planejar as etapas e o conteúdo. Também, possivelmente, poderá estudar os encontros com outros catequistas que trabalham com adultos e ampliar o conhecimento do tema com a leitura de outros livros. Deverá analisar o que se espera de mudança na vida e na mentalidade dos participantes.

Duração

Há uma previsão de duração de um ano e meio a dois anos. Aconselha-se a planejar o caminho catequético de tal forma que os candidatos experienciem profundamente o ano litúrgico e as missas ou as celebrações dominicais da Palavra. Por isso, recomendamos que o catecumenato seja iniciado após Pentecostes.

Didática

O *roteiro* de cada encontro é um esquema para ajudar a preparar as reuniões e auxiliar o aprofundamento dos conteúdos com os catequizandos. Cada roteiro propõe um conteúdo para ser estudado primeiramente pelo catequista. Depois, com a ajuda da própria turma, desenvolverá o assunto, não tanto para ser apreendido, mas principalmente para ser vivido.

Os roteiros utilizam o método: ver–julgar–agir–celebrar. O VER é algo que precisa de muita criatividade e participação da turma. Dentro do assunto proposto far-se-ão o levantamento da realidade e eventuais questionamentos. Num segundo passo faz-se a avaliação, é o JULGAR a partir de texto do Evangelho. Após descobrir o caminho de libertação do Evangelho volta-se novamente à vida. É o AGIR, em que se tiram conclusões para a vida do dia-a-dia. Só então se CELEBRA todo encontro criativamente.

A interação fé anunciada – celebrada e vivida segue o critério da crescente conversão de vida (aquisição de hábitos e costumes mais conformes ao Evangelho) decorrente do aprofundamento do anúncio da Palavra nos encontros e da participação sempre mais ativa, consciente e frutuosa nas celebrações da comunidade.

Bíblia e catequese

A catequese parte da vida, busca iluminação na Bíblia e volta à vida. É no dia-a-dia da vida que o catequizando deve experimentar o Deus libertador. Cuidar para que cada participante tenha sua Bíblia numa mesma edição.

Todas as catequeses partem do texto bíblico. Temos a tradição já assegurada de unir o livro da vida com o livro da Bíblia, segundo a feliz expressão de Carlos Mesters. Estamos acostumados, com certa naturalidade, a saber ler a Palavra em nossa vida, a partir dos fatos cotidianos, e a encontrar nela a esperança no sofrimento, o otimismo diante dos fracassos e a resistência na luta.[9]

---

[9] Recomendamos, para maior aprofundamento, ler: BROSHUIS, Inês. *A Bíblia na catequese*. São Paulo, Paulinas, 2002; CONFERÊNCIA NACIONAL DOS BISPOS DO BRASIL – CNBB. *Orientações para a celebração da Palavra de Deus*. São Paulo, Paulinas, 1994. Documentos da CNBB, n. 52; BUYST, Ione. *A palavra de Deus na liturgia*. São Paulo, Paulinas, 2002. Col. Rede Celebra.

O estudo do texto bíblico, bem como a liturgia celebrada, deve ser um *forte anúncio da continuidade histórico-salvífica*, ou seja, o catequizando precisa compreender o atual momento histórico de sua vida, confrontada com a Palavra dentro da dinâmica de salvação-libertação que começou desde o início da Criação, culminou na pessoa de Jesus Cristo e desde agora está antecipando a plenitude que acontecerá na eternidade. A vida cristã é continuidade da única história da salvação santificada eficazmente pela ação do Espírito Santo.

Esta realidade torna-se explicitamente manifesta na celebração da Palavra. A escuta atenta e ativa da Palavra é o movente da graça do Espírito que impele à conversão para a vida do Reino e antecipa, já neste mundo, a plenitude dos bens que ansiamos e que nossas mãos e sentidos pesadamente tateiam e intuem.

A celebração dominical, com ou sem presbítero, deve ser muito valorizada pelo grupo. Ali é o lugar e o momento de discernir a vida diante da Palavra, forjar a identidade da fé daqueles que vêem e se sentem como Igreja, povo santo congregado na comunhão com a família trinitária.

Celebrar a liturgia

A catequese conduz o batizado à participação plena, ativa e frutuosa na liturgia e ajuda o catequizando a fazer a experiência dos símbolos e gestos celebrados. Vale a pena voltarmos a uma catequese que privilegie o uso de símbolos, assim como são celebrados no culto litúrgico. Durante todo o percurso catequético, pouco a pouco, vai-se descobrindo a linguagem dos ritos, símbolos, gestos e posturas utilizados numa celebração.

Devemos partir da realidade cotidiana, do significado corriqueiro e profundo que os gestos têm no dia-a-dia, como um abraço, o saciar a sede com água, estar sentados à mesa, partilhar os alimentos... e depois introduzir o catequizando no acontecimento bíblico e, por meio dele, na realidade celebrativa. Desses passos decorrem os compromissos de vida nova que o catequizando assumirá em sua vida.

Há que proporcionar uma real iniciação à vida litúrgica. O *Diretório nacional de catequese*, nn. 118-122, destaca com sublimidade a interação que deve haver na formação dos novos cristãos entre catequese e liturgia.[10]

Basicamente há que trabalhar a postura do corpo na celebração, o significado teológico da celebração da Palavra, o valor da assembléia reunida, especialmente no domingo, para celebrar a memória da presença do Ressuscitado em seu meio.

O *acompanhamento do ano litúrgico* centrado na Vigília Pascal valoriza a liturgia dominical, os tempos da Quaresma e o Pascal para que haja maior vivência eclesial. Busca-se a configuração em Cristo, imagem perfeita do Pai através dos sacramentos pascais. Todo o processo está centrado na Páscoa de Cristo; por isso, é de grande valor a participação continuada na eucaristia dominical, como meio habitual de assumir a Páscoa de Cristo na entrega da própria vida.

As pequenas celebrações, que acontecem no final de cada encontro, tornam-se excelente meio para o grupo celebrar as bênçãos de Deus em sua vida. As orações do exorcismo levam ao compromisso de afastar-se das amarras do superficialismo, do consumo vazio, do erotismo mentiroso para decididamente alcançar a vida nova proporcionada pelos sacramentos.

Algumas celebrações de passagem do *Ritual da iniciação cristã de adultos* foram colocadas no itinerário deste *catecumenato* com o propósito de marcar as etapas que vão sendo ultrapassadas e cumprem o caráter de *progressividade* tão recomendado pelo *Ritual*. Adaptamos as seguintes celebrações: entrada no catecumenato, unção dos catecúmenos, entrega do creio e da oração do Senhor e a própria celebração dos sacramentos.

Os sacramentos coroam o processo de conversão abrindo as portas do paraíso, já neste mundo, pois o Reino já se faz realidade para aqueles que o acolhem nos sinais realizados pelo Cristo que batiza, perdoa, derrama o Espírito e se dá como alimento.

O *Ritual de Iniciação Cristã de Adultos* (*RICA*) recomenda que os três sacramentos da iniciação sejam celebrados preferencialmente na noite santa da Vigília Pascal. "O presbítero que, na ausência do bispo, batiza o adulto ou criança em idade de catecismo, também

---

[10] Com esta finalidade pode-se ver, com proveito, os livros das coleções Celebra e Rede Celebra, Paulinas Editora.

confere a confirmação" (*RICA*, n. 46). Na Vigília Pascal, participam juntos os que serão batizados e os adultos que se preparam para a confirmação e/ou eucaristia. Poder-se-ia solicitar a autorização do bispo para o sacerdote confirmar também a esses últimos.[11]

A celebração de envio prevista na última fase da preparação também deverá ser solenizada, de alguma forma, e contar com a participação de mais pessoas da comunidade; também poderá ser antecipada para outra etapa anterior.

Estágio pastoral

O *estágio pastoral* pode ser deslocado para outro período do tempo do catecumenato, segundo os objetivos e o planejamento da equipe. É importante que os animadores catecumenais façam contatos prévios com as diversas pastorais e os organismos sociais que poderão receber os catecúmenos e crismandos para o estágio de observação e pesquisa. Ofereçam as datas das reuniões, o horário e o local e os nomes contatados para os estagiários reunidos (em duplas) se dirigirem. Naturalmente, a equipe deverá manter atualizada a distribuição dos estágios com os nomes dos respectivos participantes envolvidos em cada um deles e distribuir entre si a tarefa de acompanhá-los.

Os animadores preparem um *roteiro orientativo* de como deverá ser realizado o estágio. Nesse roteiro conste o que cada dupla deverá pesquisar no organismo governamental, civil ou pastoral:

- a finalidade e os meios que possui para desenvolver seus propósitos;
- descrever as características gerais dos membros do grupo;
- quantidade de pessoas atingidas;
- análise crítica sobre a atuação do grupo;
- de quantas reuniões a dupla participou;
- que envolvimento estabeleceu com o grupo.

---

[11] cf. Código de Direito Canônico: "O batismo dos adultos, pelo menos daqueles que completaram catorze anos, seja comunicado ao bispo diocesano, a fim de ser por ele mesmo administrado, se o julgar conveniente" (cân. 863). Por isso, na impossibilidade do bispo, fica delegada aos Párocos e Vigários Paroquiais responsáveis pelas Quase-Paróquias a faculdade de administrar o Sacramento da Crisma. "A não ser que uma razão grave o impeça, o adulto que é batizado seja confirmado logo depois do batismo e participe da celebração eucarística, recebendo também a comunhão" (cân. 866).

Unidades e objetivos

O caminho catecumenal está marcado pelo aprofundamento da Palavra de Deus com a conversão constante e necessária participação na oração e vida da comunidade de fé. Dá-se a progressividade do aprendizado nos encontros, nas celebrações e na conversão de vida sempre mais confiante na ação do Senhor. Por isso dividimos todo o conjunto dos encontros em sete unidades, que também contemplam algumas celebrações específicas.

Volume 1

O primeiro ano, contempla 43 encontros, nos quais busca-se oferecer uma primeira evangelização aos participantes.

A primeira unidade tem o objetivo de identificar e valorizar a história de cada um dos participantes do grupo catecumenal. Saber quem são, de onde vêm. Por que estão novamente ou pela primeira vez aproximando-se da Igreja. Quer-se formar a consciência do grupo catecumenal, pois daqui por diante seus membros irão partilhar seus ideais, suas experiências de vida e de conversão ao projeto de Jesus. Também contribuirá para os animadores traçarem o perfil do grupo, criar familiaridade e compreender o comportamento e a sensibilidade de alguns jovens considerados menos próximos.

A segunda unidade – o projeto de Deus – traça em grandes linhas a ação libertadora de Javé que constitui o seu Povo e o conduz na história por caminhos de liberdade. A salvação de Deus culmina na vinda de Jesus. Ele dá pleno cumprimento ao projeto de Deus. Antes de conhecer a fundo a proposta de Jesus, essas catequeses descrevem a sociedade do tempo de Jesus e o seu posicionamento em favor dos excluídos de seu tempo.

Ao conhecer o plano salvífico de Deus de salvar a humanidade em Cristo, o candidato poderá decidir e, de comum acordo com a equipe, dar o passo de entrar no catecumenato. Aí então se celebra o rito de entrada no catecumenato.

A terceira unidade apresenta o evangelho de Marcos em forma de discipulado. Este evangelho foi escrito no final do primeiro século para ajudar adultos que se convertiam a Jesus. Ele é o Mestre que ensina o caminho da vida, longe da escravidão do consumo e da superficialidade do mundo. Aprofunda a prática de Cristo, a radicalidade do seguimento, aqui se estabelece o discipulado do Senhor. Sobretudo, o catecumenato é escola de discipulado, quer formar convicções, apresentar os valores do Reino, enfim, uma nova maneira de viver a novidade do Evangelho.

Esta etapa do catecumenato encerra-se com a unção dos catecúmenos. É uma celebração que prepara o catecúmeno para a luta com o poder desse mundo com a força do Espírito Santo. Agora que caminha com Cristo, será muitas vezes atraído para outros atalhos, e para se manter firme no Evangelho deverá ser um bom combatente.

Volume 2

No segundo ano, que contempla 38 encontros, busca-se proporcionar a preparação mais imediata para a celebração dos sacramentos da iniciação, que, possivelmente, serão conferidos numa celebração única. Também quer suscitar a preparação para o engajamento do catequizando na Igreja-comunidade e do seu testemunho-compromisso na sociedade.

A primeira unidade sobre o pai-nosso tem o objetivo de mostrar as relações novas que nascem do seguimento de Cristo, tanto em relação a Deus como em relação aos irmãos. Após estas catequeses conclui-se com a entrega do creio e do pai-nosso, orações que marcam as convicções de fé e conseqüentemente de conduta daquele que inicia o caminho de Cristo.

A segunda unidade reflete sobre a continuidade dos gestos libertadores de Cristo em sua Igreja. Os sacramentos são obra de Cristo e perpetuados na Igreja porque é o Espírito Santo que atua e garante a eficácia deles. Assim, temos as catequeses sobre o batismo, a confirmação e a eucaristia.

A Quaresma deverá ser intensamente vivenciada. Para tal finalidade, será muito proveitoso aprofundar a terceira unidade. Irão participar da preparação imediata aos sacramentos com a celebração da eleição os catecúmenos; os crismandos se inscreverão para receber os sacramentos. Com a celebração do escrutínio se conscientizarão sobre a conversão e a reconciliação.

A quarta unidade cumpre o que se espera de todo o caminho catecumenal. A fé anunciada e celebrada deve conduzir necessariamente à fé vivida. Inicialmente foram aprofundados os temas do compromisso, da oração e do engajamento e depois são apresentadas as pastorais da comunidade.

Há que mostrar como a Igreja não é somente o que aparece externamente. A comunidade de fé, apesar da imperfeição de seus membros, atua com valentia na edificação da comunidade e na caridade social. A obra da evangelização através da catequese e das diversas pastorais constitui um campo para os candidatos descobrirem ali um lugar em que poderão dar a sua contribuição. Trata-se de suscitar um sentimento afetivo e efetivo de pertença, uma atitude responsável para assumir as tarefas eclesiais. Haverá a organização do envio dos candidatos para observarem ativamente os vários grupos existentes na paróquia.

As pastorais sociais animadas pela comunidade são o testemunho vivo da caridade do Senhor que impele aqueles que têm fé a contradizer o sistema excludente com a mobilização da solidariedade que nasce da intimidade com o Senhor. O estágio que são convidados a fazer nos organismos de defesa da cidadania, em organizações civis e governamentais, tem o objetivo de ampliar a visão dos catecúmenos e crismandos ao dimensionar a extensão do problema social da exclusão, mobilizá-los para as lutas sociais, despertá-los para o trabalho solidário, desinteressado, voluntário em favor dos excluídos e da sociedade em geral.

Estes objetivos são cumpridos segundo uma mentalidade evangelizadora, pela qual o anúncio da misericórdia de Cristo vai acompanhado com os gestos que a concretizam: "Os cegos recuperam a vista, paralíticos andam, leprosos são curados, surdos ouvem, mortos ressuscitam e aos pobres se anuncia a Boa-Nova" (Mt 11,5).

QUADRO GERAL

1º ANO	2º ANO
Unidade 1 – Somos um grupo (4 encontros) Objetivos: identificar e valorizar a história de cada participante; formar e unir o grupo catecumenal.	Unidade 1 – Pai-nosso (6 encontros e 1 celebração) Objetivo: mostrar as relações novas que nascem do seguimento de Cristo, tanto em relação a Deus como em relação aos irmãos. *Entrega do Creio e da Oração do Senhor*
Unidade 2 – O projeto de Deus (5 encontros e 1 celebração) Objetivos: conhecer o plano de Deus de salvar o mundo em Cristo; conhecer a formação da sociedade no tempo de Jesus e sua posição ao lado dos mais fracos. *Celebração de entrada no catecumenato*	Unidade 2 – Preparação sacramental (12 encontros) Objetivo: aprofundar a experiência sacramental.
Unidade 3 – O discipulado em Marcos (34 encontros e 2 celebrações) Objetivos: formar o discípulo na escola do Mestre; conhecer a pessoa, a vida e a missão de Jesus Cristo; confrontar a própria vida com a de Jesus Cristo. *Amar é servir* *Unção dos catecúmenos*	Unidade 3 – Tempo Pascal (3 encontros e 2 celebrações) Objetivo: preparação próxima para a celebração dos sacramentos. *Celebração da eleição* *1º Escrutínio*
	Unidade 4 – Compromisso cristão na comunidade e na sociedade (17 encontros) Objetivo: conhecer as pastorais e os órgãos de defesa da cidadania para obter o engajamento na ação da comunidade e nas lutas sociais.

1º encontro

Unidade 1
SOMOS UM GRUPO

Quem sou eu?

Objetivo

Perceber que somos importantes, estamos em construção e temos a necessidade de nos relacionar com o outro.

Dinâmica

1º passo: Acolhida.
2º passo: Oração (pai-nosso, de mãos dadas).
3º passo: Dinâmica de apresentação.

Distribuir gravuras endurecidas em papelão ou cartolina, divididas em duas partes (de acordo com a criatividade – quebra-cabeça).

Cada participante deverá buscar sua outra metade que completa a gravura.

Conversar (dois a dois) sobre a vida pessoal: nome, família, profissão, sonhos, realizações, o que gosta de fazer, motivos que os levam a participar dos encontros etc.

Conversar sobre o sentido e significado da gravura.

Desenvolvimento

Cada um apresenta o colega que está com sua outra metade, relatando a conversa sobre o outro e sobre a gravura.

2º encontro

Quem sou eu?
Quem somos nós?

Objetivo

Perceber a necessidade do crescimento pessoal, a importância do outro em nossa vida, assim como o respeito que devemos ter para com ele.

Dinâmica

O catequista distribui folhas ofício com palavra EU escrita em letras garrafais, ocupando todo o espaço da folha.

Os participantes devem anotar (caso não sejam alfabetizados pode-se pensar) dentro da letra E todas as suas qualidades e na letra U, todos os defeitos.

Desenvolvimento

1. Quais as dificuldades encontradas para realizar o primeiro momento da dinâmica?
2. Em que letra foi mais difícil perceber você mesmo? Por quê?
3. Será que é difícil enxergarmos qualidades em nós mesmos? E nos outros? Por quê?
4. Ao escrever os defeitos na letra U, quais os desafios encontrados? Por quê?
5. É fácil enxergarmos os nossos defeitos? E os dos outros?
6. Como se sentiram realizando a atividade?

Pede-se aos participantes que leiam a palavra EU, fazendo algumas interferências.

Pede-se que guardem a folha com a palavra EU em lugar de fácil acesso e que sempre a releiam. Assim, podem ir mudando o que contém dentro da letra U.[1]

No final da etapa, deverão trabalhar novamente a atividade com a palavra EU. Os participantes irão analisar o que foi escrito no início, para avaliar o crescimento pessoal.

---

[1] Obs.: A atividade com a palavra EU não deverá ser lida no encontro, é bastante pessoal, exceto se alguém se manifestar por vontade própria (avisar no início do encontro que não será lida).

3º encontro
O grupo é importante

Objetivo

Perceber o valor e a importância dos grupos na sociedade, a necessidade de fazer parte deles, e a importância do crescimento coletivo.

Acolhida

O grupo do catecumenato é uma família. Aqui vamos socializar nossas experiências de vida pessoal e familiar, nossas dúvidas de fé e nossa missão na sociedade. Queremos conhecer Cristo, ser seus discípulos e refletir sobre o nosso papel no mundo. Enfim, verificar o que podemos fazer para que nossa Igreja-comunidade e nossa cidade se tornem mais humanas, mais fraternas e solidárias, mais sinais do Reino de Deus já presente entre nós.

Em nosso encontro de hoje iniciamos o caminho a ser trilhado pelo grupo. Em primeiro lugar, é importante nos conhecermos e nos querermos bem, para depois nos ajudarmos mutuamente. O grupo será o lugar de apoio e de confirmação de nossa fé.

Os dirigentes esclarecem o processo de preparação: o que é, seus objetivos, sua duração e como será a celebração dos sacramentos.

Dinâmica

1º passo: Cada um se apresenta com simplicidade, fala sobre si mesmo (nome, família, trabalho, expectativas...), conta um pouco de sua história e por que veio para a comunidade eclesial.

Observação: Entre a participação de uma e outra pessoa, canta-se uma estrofe de alguma música. Preparar os participantes para anotar os nomes dos companheiros e o que mais lhes chamar a atenção na apresentação de cada um.

2º passo: Todos os componentes do grupo colocam-se em círculo. Com um novelo de barbante, alguém dá início dizendo: "Eu jogo o novelo para (*nome da pessoa*), porque ele/ela tem/é (*uma qualidade ou uma característica percebida na apresentação*)". Quem recebeu o novelo segura o barbante e joga o novelo para outra pessoa da roda. Assim continua até todos os participantes terem recebido o novelo, formando uma rede.

3º passo: Refletir. Os participantes permanecem de pé na mesma posição segurando o barbante.

1. O que formamos com o barbante? (*As opiniões serão acolhidas cuidadosamente.*)

2. Será que conseguiríamos tecer essa rede sozinhos?

3. O que podemos fazer para fortalecer nosso grupo?

4. O que aprendemos com esta dinâmica? Por quê?

Continuar a reflexão e instigar a fala dos participantes, quando esgotar a vontade de falar, o catequista pode salientar alguns pontos, por exemplo, que somente em grupos conseguimos formar esta rede, teia de aranha etc. (Comentar o que os outros participantes sugeriram.)

"Como é bom e agradável que o povo de Deus viva unido como se todos fossem irmãos!" (Sl 133,1). Sou importante porque construo a rede. O grupo é importante porque também ajudou a construí-la. Um sozinho não forma a rede. Sozinho, eu não formo um grupo.

Desenvolvimento

Canto de aclamação ao Evangelho.
A Palavra de Deus: proclamar Mc 1,14-19.

O grupo aprofunda o texto, partilhando em pequenas equipes a mensagem central do evangelho.

Pontos a serem salientados:

- O grupo como lugar de apoio, lugar de confirmação da fé.
- O grupo como lugar de partilha das experiências.
- O grupo é importante. Jesus valoriza e aparece no grupo para reativar e animar a caminhada dos apóstolos.
- A importância de se fazer parte de grupos comunitários (associação de bairros, sindicatos etc.).
- Como fortalecer os grupos dos quais participamos.

Bênção

RICA, n. 119: Quem coordena o encontro estende as mãos em direção aos candidatos (que se colocam de joelhos) e diz:

Oremos. Senhor Deus Todo-Poderoso, olhai os vossos servos e servas que são formados segundo o Evangelho de Cristo; fazei que vos conheçam e amem, e, generosos e prontos, cumpram a vossa vontade. Dignai-vos prepará-los por esta santa iniciação e tornai-os membros ativos da vossa Igreja para que participem dos vossos mistérios neste mundo e na eternidade. Por Cristo, nosso Senhor.

Todos: Amém.

Ao terminar a bênção, os catequizandos aproximam-se de **quem preside** e este impõe as mãos sobre cada um.

4º encontro

Maturidade

Ver

Queremos ser adultos. Mas o que é ser adulto? Que tipo de adulto a sociedade nos propõe? Vocês acham certo o que a sociedade propõe? Por quê?

Anotar as respostas num papel ou no quadro.

E o que acham que há de adulto em nós? (no físico, na relação com as pessoas, profissional, emocional, na fé, no lazer, nos relacionamentos familiares).

Julgar

Ler Ef 4,11-16. Somos chamados a ser adultos na fé: pessoas com maturidade que se desenvolveram na fé. E fazemos isso em comunidade, nos ajudando uns aos outros.

Por isso é importante reconhecer que somos pessoas em desenvolvimento. Há muita coisa em nós que pode ser aperfeiçoado, para nosso bem e o bem dos outros.

Vejam algumas áreas em nossa vida:

a) *Desenvolvimento afetivo.* Todos precisamos amar e ser amados; aprender a nos relacionar com os outros; fazer com que nos sintamos bem junto dos outros e os outros se sintam bem perto da gente. É bom ter atenção com nossos sentimentos e emoções. Estar bem com os outros na amizade, no lazer, no namoro, no sexo.

b) *Desenvolvimento intelectual.* Saber pensar com clareza; tirar uma conclusão; saber argumentar. Guardar coisas na memória. Ser criativo. Ler algum livro. Saber escutar. Perceber bem o que o outro quer dizer. Estudar mais, se tiver oportunidade. Participar de algum curso.

c) *Desenvolvimento profissional.* Escolher a profissão que lhe agrada e dá prazer. Lutar por isso. Aprender sempre algo mais dentro de sua profissão, lutar para que o desemprego diminua sempre.

d) *Desenvolvimento biológico.* Saúde é um grande bem. Ela depende em boa parte da alimentação. Comer frutas e verduras e valorizar os remédios alternativos.

e) *Desenvolvimento físico-corporal.* Boa forma física ajuda em tudo, para ter ânimo, para enfrentar os problemas da vida. Movimentar-se. Fazer caminhadas.

f) *Desenvolvimento espiritual e religioso.* Caprichar nas virtudes. Esforçar-se para "captar" a vontade do Pai e viver de acordo. Nunca é suficiente. É algo que nos acompanha a vida inteira. Buscar a participação na comunidade. Ler constantemente o Evangelho. Fazer com que sua fé oriente todas as suas atividades e atitudes.

Comentar: Lc 2,42-52; Mc 1,9-15, para mostrar que Jesus cresceu e se tornou adulto, maduro, firme nas decisões.

Agir

Até que ponto cada pessoa já é madura? Em que aspecto pode crescer mais? Como vai fazer para se tornar mais madura, mais firme?

C E L E B R A R

Todos em círculo, de mãos dadas, agradecer ao Pai pelas coisas boas que existem em cada um.

Para casa: Reler Ef 4,11-16. Ler Ex 3,7-10.

Unidade 2
O PROJETO DE DEUS

5º encontro

Javé, Deus-Libertador

Ver

Você já presenciou pessoas saindo de sua terra natal em busca de sobrevivência em outro estado ou outra cidade? Viu como ficam jogadas na beira das estradas, nas rodoviárias, na periferia das cidades, morando em barracos, sem emprego, sem dinheiro, sem comida, sem condições de voltar à sua terra?

Julgar

Bem antes dos anos 1200 antes de Cristo, grupos de pessoas fugiram da seca de Canaã. Foram para o Egito porque o rio Nilo sempre inundava as terras, tornado-as férteis. Saíram para buscar sobrevivência e uma vida digna.

Aos poucos esses grupos, lá no Egito, começaram a ser dominados. Foram escravizados e, em ritmo forçado, tinham de fazer grandes obras para o Faraó (Ex 1,11-14; Ex 5,1-21). Entre esses escravos havia gente fugindo da seca, havia grandes grupos revoltosos, prisioneiros de guerra e mesmo gente pobre da terra.

Essa gente toda já não agüentava mais: gritava e gemia. Chorava por causa do grande sofrimento e humilhação impostos pelo Faraó. Deus ouviu o clamor de seu povo (Ex 3,7-10). Deus entra na história e faz crescer no coração do povo a determinação de sair desta escravidão. Por meio da liderança de Moisés principalmente Deus organiza seu povo e faz surgir a coragem no coração deles.

Por aquele tempo o poder do Faraó se enfraqueceu um pouco por causa das intrigas internas. O povo aproveitou a oportunidade e buscou a liberdade. Em vários grupos o povo pegou o caminho do deserto para se libertar da escravidão do Egito (Ex 14,1-8.15-31).

Depois, reunidos no deserto, esses vários grupos chegaram a ter a clareza de consciência de que tudo não era apenas resultado de sua vontade e de sua força, mas Javé mesmo é que estava presente em todos os lances dessa história libertadora. Deus tinha dado força, coragem, iniciativa e criatividade a eles. E lá no deserto celebraram o grande Deus-Javé-Libertador.

Ainda no caminho pelo deserto o povo passou por muitas dificuldades: fome, sede, perseguição, divergências e divisões. Tinham de aprender a viver em liberdade com o seu Deus-Libertador. Essa foi a grande experiência religiosa que está na base de nossa fé até hoje. O êxodo é celebrado e lembrado em todas as fases da história do povo de Deus. Mostra-nos como Deus se coloca ao lado dos oprimidos, como propõe um mundo novo, diferente daquele que os opressores de ontem e de hoje querem. Essa experiência de Deus-Libertador volta de maneiras diferentes em circunstâncias diferentes. Essa experiência nós temos de acolher hoje. Organizar-nos e lutar para superar as marginalizações, as desigualdades, as injustiças e os abusos sofridos pela grande maioria de nosso povo.

Agir

Quem participa de alguma luta em defesa dos mais fracos? Conte qual luta nós podemos assumir para assim vivermos nossa fidelidade ao Deus-Libertador.

C E L E B R A R

Fazer uma procissão, cada um levando um cartaz que expresse nosso desejo, nossa esperança (por exemplo: mais saúde, salário digno, comida para todos etc.).
Enquanto se caminha, canta-se:
"O povo de Deus no deserto andava..."
Em seguida rezar em torno das palavras.

Para casa: Reler Ex 3,7-10. Ler Ex 20,1-17.

6º encontro

O projeto de Javé – Os mandamentos

Ver

Na sociedade em que vivemos há leis. Por quê? O que elas dizem? São importantes para nossa convivência? Na escola há normas, determinações, regimentos internos. Na família há coisas combinadas, há normas. Como vemos isso?

Julgar

O povo não mais vivia na escravidão, mas estava acostumado a ser mandado. O Faraó determinava as coisas e os escravos obedeciam. Agora, em liberdade, não há mais Faraó. O povo mesmo deverá descobrir como viver de tal modo que seja bom para todos e não apenas para alguns líderes.

Para poder alcançar, procurar terra para todos, resolver suas divergências, defender-se dos perigos, viver em união, era necessário: muita luz, como criar uma outra sociedade diferente daquela opressora do Egito (cf. Ex 15,22-27; 18,13-27). Neste caminho novo, junto com Deus-Libertador, o povo foi descobrindo algumas normas básicas: os mandamentos (Ex 20,1-17). Perceberam que as normas do Egito, do Faraó, não prestavam. E construíram um novo código de leis básicas (Constituição) para a nova caminhada. Sempre lembrando a experiência de Javé no êxodo. Essas normas e leis resumidas nos Dez mandamentos são frutos das experiências vividas pelo povo, refletidas na luta da fé em Javé, durante assembléias do povo, junto com seus líderes. Nestes mandamentos Deus expressa sua fidelidade ao povo, e o povo sua fidelidade a Javé.

Aos poucos, no caminho, outros grupos se juntaram ao de Moisés. Todos se uniam na mesma experiência do Deus-Libertador. Todos aceitavam as leis como expressão da vontade libertadora de Javé.

Quando chegaram à Terra prometida e todas as famílias ganharam o seu pedaço de terra, ainda por duzentos anos conseguiram viver numa sociedade de iguais, sem diferenças injustas, na entreajuda, no respeito a Javé, celebrando sempre o grande acontecimento: o êxodo da escravidão no Egito.

- As leis que regem nosso país beneficiam a todos por igual?
- Combinam com os dez mandamentos?
- Quem elabora nossas leis?
- Os direitos humanos são respeitados pelas leis?

Agir

Lei, por ser lei, tem de ser obedecida de qualquer maneira?

O que você pode fazer para que haja melhores leis em nosso país, em nosso estado e em nosso município?

C E L E B R A R

Um participante com o livro da *Constituição Brasileira* e outro com os dez mandamentos escritos numa cartolina ficam no meio da turma. Um a um os participantes tocam na *Constituição* e nos dez mandamentos e fazem um pedido (perdão, esperança, agradecimento ou firmando o compromisso).

Depois, de mãos dadas, reza-se "Creio em Deus Pai..."

Para casa: Reler Ex 20,1-17. Ler a introdução do evangelho de Mateus: 1,18-2.

7º encontro

Jesus: sua terra, seu povo, sua proposta

Ver

Você já percebeu a importância de saber onde nasceu e se criou? Para entender sua postura no mundo tem de saber quais são os dados econômicos, sociais, políticos e religiosos da sua época.

Julgar

O lado econômico. A Palestina era principalmente uma região agrícola. Havia também pecuária, pesca e artesanato. As profissões mais comuns eram as de carpinteiro, pedreiro e tecelão.

O comércio entre as regiões era intenso, apesar das dificuldades (montanhas e saqueadores nas estradas). Usava-se moeda de vários países. Os maiores centros de comércio eram Tiberíades e Jerusalém (por causa do templo). Três vezes por ano chegavam os peregrinos a Jerusalém para as festas e os sacrifícios.

Nas cidades viviam os proprietários de grandes fazendas, os grandes e os pequenos comerciantes, artesãos diversos, funcionários públicos, coletores de impostos, sumo sacerdotes. Também havia um número razoável de pobres, mendigos, deficientes, desempregados.

No campo viviam pequenos camponeses, meeiros, assalariados (bóias-frias), diaristas, escravos. Todos eles pobres e explorados pelos altos tributos.

Os impostos, cada vez mais altos (chegavam a 30% ou 40% da produção), eram cobrados para manter o exército romano e os funcionários. Parte deste tributo ia para as elites de Roma.

Também o templo de Jerusalém e a aristocracia recebiam parte dos tributos.

Além da cobrança exagerada (cf. Zaqueu), havia muito desvio do dinheiro público.

Jesus morava numa aldeia no campo, em Nazaré, como carpinteiro e lavrador. Trabalhava em troca do dinheiro ou alimento para sobreviver. Jesus nunca apoiou essa situação de miséria e empobrecimento imposta ao povo pelos governantes.

O lado social. A família era patriarcal: o pai era o centro, tinha a autoridade sobre tudo e sobre todos. A mulher não participava da vida social. Era inferior ao homem em tudo. Devia obedecer e ser mandada por ele. As filhas não tinham os mesmos direitos que os filhos. Até 12 anos o pai era dono absoluto das filhas. Um ano após o noivado a moça se tornava posse do marido. O marido podia ter outras mulheres. Só homem podia pedir divórcio. As crianças eram consideradas incapazes e eram marginalizadas.

As classes sociais eram bem divididas entre ricos e pobres. Havia muitas maneiras de marginalizar grupos de pessoas (pela profissão, pelo defeito físico, pela doença etc.). O povo não tinha voz nem vez. A sociedade era individualista, separatista, racista, escravista.

Jesus aparece com uma proposta nova de vida e relacionamento com pessoas. Ele quer todos iguais e respeitados.

O lado político. O poder efetivo estava com os romanos. César era o imperador. Pilatos era governador em nome do imperador. Tinha o exército romano ao seu dispor para qualquer eventualidade. Para facilitar a dominação sobre os judeus, os romanos deixam o Sinédrio, o grande conselho dos judeus, funcionar. Enquanto se fizesse o que agradasse aos romanos, o Sinédrio podia funcionar. Esse Sinédrio tinha poderes legislativos, executivos e judiciários. Era uma mistura de poder civil e religioso juntos. Dos 71 membros, um terço era de saduceus, grandes fazendeiros, latifundiários; um terço, de sumo sacerdotes (alto clero), muito ricos beneficiados pelo templo; e um terço, fariseus e doutores da lei, conhecedores das tradições religiosas, com muita influência no meio do povo. Esses três grupos eram de classe religiosa com muita influência no meio do povo. Esses três grupos eram da classe rica.

Havia o partido dos saduceus e herodianos, liberais e aproveitadores. Havia o partido da oposição: zelotas, essênios. Muitas vezes pegavam em armas na tentativa de promover mudanças.

Havia ainda os batistas, um movimento popular que também esperava que algo de novo acontecesse, e com o qual Jesus simpatiza.

O lado ideológico/religioso. Todo o povo da Palestina acreditava em um só Deus, mas havia correntes diversas na religião. Os que eram da classe dominante se aproveitavam da religião para permanecer no poder e continuar tendo seus privilégios. Os que eram da oposição queriam, em nome da fé, mudar as coisas. Cada um esperava um Messias, mas conforme as suas conveniências. Ou um Messias-rei, ou Messias-profeta, ou Messias-guerreiro. Estes movimentos se fechavam em si e se tornavam seitas, discriminadoras dos outros. Um movimento religioso diferente era o dos batistas, mais aberto ao povo. Jesus se aproximou deste movimento quando recebeu o batismo no rio Jordão.

O povo vivia sem orientação ("ovelhas sem pastor"), perdido no meio das opiniões divergentes. Muitas vezes o povo era manipulado para um outro lado. Jesus aparece com sua proposta e sua prática diferente; fez sua própria interpretação da Bíblia; reconhece a sabedoria dos pequenos; assume posição ao lado dos trabalhadores explorados, marginalizados e excluídos.

Jesus propõe acabar com um sistema que leva à morte e vem implantar o reino de Deus para que todos tenham vida em abundância. Um reino de amor, fraternidade e partilha.

Agir

Para se posicionar diante do mundo (nossa sociedade) devemos conhecer bem a realidade, discernir o que está por trás das coisas. O poder é exercido a favor de quem? As coisas, as posses servem a quem?

Depois nos perguntamos:

- Onde Jesus se colocaria hoje?
- Ele votaria em qual partido?
- Com que tipo de movimento ele iria simpatizar mais?
- Como Jesus ia se posicionar diante das práticas religiosas?

A partir dessas respostas, sou capaz de fazer opção por algum movimento, alguma luta que Jesus certamente apreciaria hoje?

DINÂMICA CELEBRATIVA

Alguns participantes ficam dentro do círculo. Outros ficam fora, com o papel escrito:

Política/Politicagem: não dá voz nem vez ao povo (cola-se o papel na boca de um dos participantes de dentro do círculo).

Economia capitalista: explora o povo (amarram-se pernas e mãos de um dos participantes de dentro do círculo).

Religião tradicionalista/fundamentalista: torna o povo surdo pelo clamor dos oprimidos (cola-se o papel nos ouvidos de outro participante).

Ideologia dominante: cega o povo pelos Meios de Comunicação Social (cola-se nos olhos de um outro participante).

Sociedade excludente: que elimina os outros da vida (expulsa todos os participantes que estão dentro do círculo).

Termina com oração espontânea de acordo com esse assunto.

Para casa: Ler Lc 4,14-21.

8º encontro

Jesus dá pleno cumprimento ao projeto de Javé

Ver

Para o pedreiro poder construir uma casa precisa de uma planta. Ou seja, um projeto de casa. Precisa saber onde tem de reforçar os alicerces, onde vai a coluna, como será a cobertura... Quanto maior a construção, mais detalhada tem de ser a planta. Em nossa vida ocorre algo semelhante. Para ser médico é preciso estudar para chegar lá! Para ser uma boa pessoa é necessário estabelecer bases sólidas na própria vida.

Julgar

Jesus ao atingir aproximadamente 30 anos (Lc 3,23) vivia em Nazaré da Galiléia. Então se apresentou ao povo com sua mensagem e missão (Lc 4,18-19). Jesus tinha convivido com agricultores explorados, assistiu à explosão de violência, a formação de grupos de resistência (Barrabás) em defesa da vida do povo, presenciou a ação dos escribas reforçando o legalismo e defendendo a tradição dos antigos (Mc 7,1-5), interpretada do jeito deles. Estes escribas propunham uma vida cheia de normas e obrigações (Mc 7,6-13). Jesus viu também a piedade confusa e resistente dos pobres, bem expressa no Cântico de Maria (Lc 1,46-55) e também na esperança de um novo Êxodo, de experiência da libertação (Lc 1,71-75).

Jesus torna-se aluno dos fatos (onde Deus está presente), cresce no meio dos conflitos, da exploração, da convulsão social, da desintegração crescente. Assim, sempre unido ao Pai em oração, Jesus vê chegada a hora de anunciar a Boa-Nova do Reino, a hora de agir de forma concreta e radical. "Esgotou-se o tempo (prazo)! O Reino de Deus está aí. Mudem de vida!" (Mc 1,15-45).

A Boa-Nova do Reino anunciada por Jesus tem como efeito:
- Congregar as pessoas em torno do projeto do Pai e formar comunidade entre seus membros.
- Fazer surgir a consciência crítica no povo oprimido (luz).
- Combater e expulsar o mal para libertar o ser humano.
- Restaurar a vida do povo pelo serviço desinteressado.
- Permanecer unidos à raiz, Deus Pai, através da oração.
- Manter a consciência da missão.
- Libertar e reintegrar os explorados, dando-lhes voz e vez.

Jesus se apresenta como o Messias-Servo, não como "poderoso", prepotente, ditador. Ele propõe o "Ano da Graça", isto é: trazer de volta aos pobres tudo que lhes foi tirado no decorrer da história. Tudo isso para viver a Nova Aliança com Deus Pai.

Na época de Jesus várias pessoas assimilaram suas propostas. Tiveram dificuldades, mas foram crescendo com a compreensão e a vivência do Reino. Lembramos: apóstolos, "outros discípulos", mulheres que o acompanhavam, os cristãos das primeiras comunidades. Muitos testemunharam, às vezes até com sua morte, a adesão ao caminho de Jesus.

Hoje, ainda há gente profundamente ligada às propostas de Jesus. Gente que luta pelos direitos de seus irmãos, gente que tenta mudar a sociedade para que ela seja mais de acordo com o que Jesus nos trouxe. Temos pessoas que até a morte confirmaram este caminho: dom Oscar Romero, pe. Josimo, Ir. Adelaide, Margarida Alves, Chico Mendes, Santo Dias e outros.

Agir

O que você acha mais importante nas propostas de Jesus? Por quê? Como eu identifico aqui no meu estado e no município movimentos e lutas que estão acontecendo de acordo com essas propostas de Jesus? Tenho condições de me aliar a um desses movimentos?

C E L E B R A R

Dramatizar Lc 4,14-23; rezar o pai-nosso de mãos dadas.

Para casa: Ler Lc 4,14-21; 19,1-10.

9º encontro

Jesus se coloca ao lado dos excluídos

Ver

Vamos fazer um levantamento dos grupos sociais que não são respeitados. Como se manifesta essa marginalização? O que de ruim (preconceito) se fala de cada grupo? Como se dá a marginalização?

Julgar

Jesus vive a maior parte de seu tempo com aqueles que não tinham lugar na sociedade. Vamos ver de perto:

Prostitutas: repudiadas pelos fariseus. Condenadas, Jesus as reconhece como pessoa, lhes dá valor, confia na recuperação delas.

Publicanos: gente desprezada porque colaborava com os romanos e muitas vezes cobrava demais, zombava do povo. Jesus afirma que Deus prefere essa gente aos escribas e fariseus (Lc 18,9-14; 19,1-10).

Leprosos: marginalizados por sua doença contagiosa e considerados cheios de pecado. Jesus os toca e os limpa, devolvendo-os à sociedade (Mt 8,2-4; 11,2-6).

Mulheres: pessoas de segunda categoria, sem voz nem vez... Jesus as acolhe na sua companhia (Lc 24,1-11).

Crianças: desprezadas pela sociedade machista. Só têm valor após os 12 anos. Jesus as apresenta como professores dos adultos para entrar no reino (Mt 18,1-5; 19,13-15).

Samaritanos: tidos como uma sub-raça, por se misturarem com estrangeiros e não possuírem uma religião pura como a de Israel. Jesus apresenta um samaritano como modelo que cumpre a lei (Lc 10,25-37; 17,11-19).

Famintos: pobres, tomados por preguiçosos e não cumpridores exatos da lei. Jesus os acolhe como rebanho sem pastor, lhes dá comida, provocando o espírito de partilha (Mc 6,34-44). Dos pobres é o reino (Lc 6,20).

Deficientes físicos: vistos como cheios de pecado. Jesus cura o cego (Mc 8,22-26), o aleijado (Mc 2,1-12)...

Mulher adúltera: podia ser apedrejada pelos costumes da época. Jesus a acolhe, defende e perdoa (Jo 8,3-11).

Pescadores: para a religião estavam perdidos, pois a profissão os impedia de cumprir suas obrigações religiosas. Jesus os chama para serem discípulos (Mc 1,16-20).

Jesus deixa bem claro que sua avaliação da realidade social é totalmente outra. Condena os ricos que só querem para si e não partilham (Lc 6,24-26). Ao jovem rico apela para a partilha e fica triste quando este não aceita o desafio (Lc 18,18-23).

É claro, Jesus fez opção pelos pobres, sai em defesa dos marginalizados. Quem quiser ser discípulo é chamado à mesma atitude.

Daí a obrigação do cristão de entrar nos movimentos que se alinham com o projeto, o jeito de Jesus. Tudo é luta em favor dos pequenos, dos trabalhadores, dos marginalizados, é lugar para o cristão se sentir bem.

Há conseqüências? Claro que sim, Jesus foi morto na cruz por causa dessa atitude de solidariedade com os oprimidos. Os grandes não queriam mudanças, não queriam largar suas riquezas, não aceitavam a partilha. E mataram Jesus.

Para nós, hoje, há o mesmo perigo. Sofrer por causa de posições corajosas em defesa dos pequenos não é estranho. É a cruz que faz parte da vida do cristão.

Agir

A defesa dos pequenos/pobres/marginalizados não é tarefa para alguém empreender sozinho. Precisamos de organização.

- Em qual luta organizada (partidária, sindical, popular) eu posso me engajar?

CELEBRAR

Hoje, quando vamos a uma celebração na comunidade, chegamos lá com o espírito elevado. Gostamos de cantar, de ser cumprimentados pela comunidade, de entender o que está sendo rezado pelo sacerdote ou ministro e o que está sendo lido ou comentado no ambão ou na estante. Realmente, em cada celebração o Senhor se revela a nós que estamos reunidos em seu nome. Falamos com o Senhor, acolhemos sua Palavra, e possivelmente recebemos o Pão da Vida.

A acolhida revela que não somos qualquer um, e sim o povo santo de Deus reunido em Cristo e na força do Espírito. Formamos a Igreja, Corpo de Cristo reunida em assembléia. Foi o mesmo Cristo quem garantiu: "Onde dois ou três se reunirem em meu nome eu estarei no meio deles" (cf. Mt 18,20). A comunidade unida na mesma fé é sinal de Cristo presente no seu meio.

O sacerdote ou o ministro, ao iniciar a celebração, cumprimenta a assembléia em nome da Trindade: "A graça de nosso Senhor Jesus Cristo; o amor do Pai e a comunhão do Espírito Santo". Na assembléia litúrgica somos santificados pela graça do Pai e o glorificamos com nossa vida. Toda a celebração manifesta a ação conjunta da Trindade e do ser humano num só movimento. Deus em nós e nós em Deus, sem escapar nada de nossa vida; tudo o que somos e temos está ali presente.

Para recebermos tão grande graça, a de sermos manifestação de Cristo e tomarmos parte na comunhão trinitária, só nos resta pedir perdão (ato penitencial) e invocar a misericórdia de Deus para estarmos na sua presença.

Para casa: Reler Lc 19,1-10. Ler: Mc 1,1-9.

Preparação da entrada no catecumenato

Recomenda-se não esquecer dos cuidados básicos que a equipe coordenadora tomará para que seja uma celebração em que os adultos e os jovens participem ativa, consciente e frutuosamente, interior e exteriormente. É importante recordar a necessidade de fazer um ensaio prévio sobre os gestos, ritos e leitura da Palavra.

A celebração é composta de pequenos ritos para serem realizados com calma, em clima de oração. A escolha de realizar esse rito no contexto da celebração eucarística dominical da comunidade varia de acordo com as circunstâncias. É importante que a comunidade tome parte dela,[1] e somente os catecúmenos (se for conveniente) poderão ser despedidos após a oração universal, os batizados têm direito de participar da eucaristia.[2]

A celebração está marcada pelos elementos fundamentais que caracterizam o início do caminho de fé que a Igreja, representada pela comunidade catecumenal, oferece aos candidatos. O rito tem a finalidade de ressaltar o protagonismo e a resposta de fé daqueles que aderem ao seguimento de Jesus Cristo no itinerário espiritual do catecumenato.[3]

---

[1] *RICA*, n. 70: "É de desejar que toda a comunidade cristã ou parte dela, constante dos amigos e familiares, catequistas e sacerdotes, participe ativamente da celebração".

[2] Cada equipe deverá adaptar o texto considerando os catecúmenos e os já batizados inscritos no catecumenato. *RICA*, n. 67: "É dever do celebrante usar plena e criteriosamente da liberdade que lhe é dada, quer pelo n. 34 da Introdução Geral, quer pelas rubricas do Rito. Em muitos lugares este não determina o modo de agir ou de orar ou apresenta duas soluções. O celebrante poderá, assim, adaptar o rito às condições dos candidatos e da assistência. Deixa-se a maior liberdade em relação às exortações e às preces que, conforme as circunstâncias, podem sempre ser abreviadas, modificadas ou mesmo enriquecidas de intenções relativas à situação particular dos candidatos ou das pessoas presentes (...)".

[3] Cf. LELO, Antonio Francisco. *A iniciação cristã*. Catecumenato, dinamismo sacramental, testemunho. São Paulo, Paulinas, 2005. pp. 54-57.

Celebração da entrada no catecumenato[1]

A equipe deverá preparar Bíblias e crucifixos para todos os participantes do catecumenato. Esta celebração deverá distingüir a situação dos catecúmenos e daqueles que já foram batizados. Esta celebração pode ou não ocorrer como a primeira parte da missa. Aqui ela não supõe a celebração da missa.

RITO DE ACOLHIDA

Chegada

73. Os candidatos com seus introdutores e os fiéis podem reunir-se fora do limiar da Igreja, quer no átrio ou na entrada, ou numa parte apropriada da igreja ou, conforme as circunstâncias, em outro lugar adequado fora do templo.

Saudação e exortação

74. Quem preside saúda cordialmente os candidatos. Dirigindo-se a eles e a todos os presentes, expressa a alegria e a ação de graças da Igreja e lembra aos introdutores e amigos a experiência pessoal e o senso religioso que levaram os candidatos, em seu itinerário espiritual, à celebração da etapa deste dia.

Diálogo

75. Quem preside pergunta a cada catecúmeno, se for o caso, seu nome. Pode-se fazer deste modo ou de outro semelhante.

Qual é o teu nome?

Candidato:

N.

---

[1] *RICA*, nn. 68-97. Os números laterais são os do *RICA*.

Presidente:

Que pedes à Igreja de Deus?

Candidato:

A fé.

Presidente:

E esta fé, que te dará?

Candidato:

A vida eterna.

Quem preside pode também interrogar com outras palavras e admitir respostas espontâneas. Por exemplo, depois da primeira pergunta: Que pedes? O que desejas? Para que vieste?, são permitidas as respostas: A graça de Cristo ou A admissão na Igreja ou A vida eterna ou outras adequadas, às quais quem preside adaptará suas perguntas.

Quem preside estabelece um diálogo com os batizados inscritos no catecumenato para que haja, igualmente, a *acolhida* destes como uma nova e mais responsável aproximação da comunidade viva.

Primeira adesão

76. Quem preside, acomodando, se necessário, sua alocução às respostas dos candidatos, dirige-lhes estas palavras ou outras semelhantes:

A vida eterna consiste em conhecermos o verdadeiro Deus e Jesus Cristo, que ele enviou. Ressuscitando dos mortos, Jesus foi constituído, por Deus, Senhor da vida e de todas as coisas, visíveis e invisíveis. Se vocês querem ser discípulos seus e membros da Igreja, é preciso que vocês sejam instruídos em toda a verdade revelada por ele; que aprendam a ter os mesmos sentimentos de Jesus Cristo e procurem viver segundo os preceitos do Evangelho; e, portanto, que vocês amem o Senhor Deus e o próximo como Cristo nos mandou fazer, dando-nos o exemplo. Cada um de vocês está de acordo com tudo isso?

Candidatos:

Estou.

77. Quem preside, voltando-se para os introdutores e os fiéis, interroga-os com estas palavras ou outras semelhantes:

Vocês, introdutores, que nos apresentam agora estes candidatos, e vocês, nossos irmãos e irmãs aqui presentes, estão dispostos a ajudá-los a encontrar e seguir o Cristo?

Todos:

Estou.

82. Quem preside, de mãos unidas, diz:

Pai de bondade, nós vos agradecemos por estes vossos servos e servas, que de muitos modos inspirastes e atraístes. Eles vos procuraram, e responderam na presença desta santa assembléia ao chamado que hoje lhes dirigistes. Por isso, Senhor Deus, nós vos louvamos e bendizemos.

Todos respondem, dizendo ou cantando:

Bendito seja Deus para sempre.

Assinalação da fronte e dos sentidos

84. Se os candidatos forem numerosos, quem preside dirige-lhes estas palavras ou outras semelhantes:

Caríssimos candidatos: entrando em comunhão conosco vocês experimentarão nossa vida e nossa esperança em Cristo. Agora, para que sejam catecúmenos, vou, com seus catequistas e introdutores, assinalar vocês com a cruz de Cristo. E a comunidade inteira cercará vocês de afeição e se empenhará em os ajudar.

Quem preside faz o sinal-da-cruz sobre todos ao mesmo tempo, enquanto os catequistas ou os introdutores o fazem diretamente em cada um, e diz:

Recebe na fronte o sinal-da-cruz; o próprio Cristo te protege com o sinal de seu amor. Aprende a conhecê-lo e a segui-lo.

85. Procede-se à assinalação dos sentidos (a juízo, porém, de quem preside, pode ser omitida em parte ou inteiramente).

As assinalações são feitas pelos catequistas ou pelos introdutores (em circunstâncias especiais, podem ser feitas por vários presbíteros ou diáconos). A fórmula é sempre dita por quem preside.

Ao assinalar os ouvidos:

Recebam nos ouvidos o sinal-da-cruz, para que vocês ouçam a voz do Senhor.

Ao assinalar os olhos:

Recebam nos olhos o sinal-da-cruz, para que vocês vejam a glória de Deus.

Ao assinalar a boca:

Recebam na boca o sinal-da-cruz, para que vocês respondam à Palavra de Deus.

Ao assinalar o peito:

Recebam no peito o sinal-da-cruz, para que Cristo habite pela fé em seus corações.

Ao assinalar os ombros:

Recebam nos ombros o sinal-da-cruz, para que vocês carreguem o jugo suave de Cristo.

Quem preside, sem tocar nos catecúmenos, faz o sinal-da-cruz sobre todos ao mesmo tempo, dizendo:

Eu marco vocês com o sinal-da-cruz: em nome do Pai e do Filho e do Espírito Santo, para que vocês tenham a vida eterna.

Os candidatos:

Amém.

86. Pode-se cantar esta aclamação de louvor a Cristo:

"Glória a ti, Senhor, toda graça e louvor."

87. Quem preside diz:

Oremos.

Deus Todo-Poderoso, que pela cruz e ressurreição de vosso Filho destes a vida ao vosso povo, concedei que estes vossos servos e servas, marcados com o sinal-da-cruz, seguindo os passos de Cristo, conservem em sua vida a graça da vitória da cruz e a manifestem por palavras e gestos. Por Cristo, nosso Senhor.

Ritos auxiliares

89. Podem-se dar crucifixos ou uma cruzinha para pôr no pescoço, em recordação da assinalação. Se alguns costumes parecerem apropriados para expressar o ingresso na comunidade, podem ser inseridos antes ou depois da entrada na igreja.

Ingresso na igreja

90. Se o rito de acolhida tiver sido feito à porta da igreja ou outro local, quem preside, com um gesto, convida os catecúmenos a entrar com os introdutores na igreja, dizendo estas palavras ou outras semelhantes:

(N. e N.) entrem na igreja, para participar conosco na mesa da Palavra de Deus.

Enquanto isso, canta-se um canto apropriado. Sugere-se a antífona "Meus filhos, vinde", com o Sl 33,2-3.6 e 9.10-11 (Textos diversos, *RICA* n. 371 [90], p. 177).

LITURGIA DA PALAVRA

91. Estando os catecúmenos e crismandos em seus lugares, quem preside dirige-lhes breve alocução, mostrando a dignidade da Palavra de Deus, que é anunciada e ouvida na assembléia litúrgica. O livro das Sagradas Escrituras é trazido em procissão e colocado respeitosamente na mesa da Palavra, podendo também ser incensado. Segue-se a celebração da Palavra de Deus.

Proclamação da Palavra e homilia

92. Textos e salmos responsoriais conforme o *RICA* n. 372, p. 178; (Gn 12,1-4a; Sl 32(33); Jo 1,35-42). Ou outros textos apropriados. Segue-se a homilia.

Entrega do livro da Palavra de Deus

93. Depois da homilia, quem preside entrega aos catecúmenos e aos crismandos, com dignidade e reverência, bíblias, dizendo estas ou outras palavras:

Recebe o livro da Palavra de Deus.

Que ela seja luz para a tua vida.

O catecúmeno e o crismando poderão responder de modo apropriado à oferta e às palavras de quem preside.

Preces pelos catecúmenos e crismandos

94. A assembléia dos fiéis faz estas preces ou outras semelhantes.

Quem preside:

Oremos por nossos irmãos e irmãs. Eles já fizeram um percurso. Agradeçamos pela benevolência de Deus que os conduziu a este dia e peçamos que possam percorrer o grande caminho que ainda falta e participarem plenamente de nossa vida.

Leitor:

Senhor, que a proclamação e escuta da vossa Palavra revele aos catecúmenos e crismandos Jesus Cristo, vosso Filho.

Todos:

Senhor, atendei a nossa prece.

Leitor:

Inspirai, Senhor, esses candidatos, para que, com generosidade e disponibilidade, acolham vossa vontade.

Todos

Senhor, atendei a nossa prece.

Leitor:

Senhor, sustentai, com o auxílio sincero e constante dos catequistas e introdutores, a caminhada destes vossos servos.

Todos:

Senhor, atendei a nossa prece.

Leitor:

Fazei, Senhor, que a nossa comunidade unida na oração e na prática da caridade seja exemplo de vida para estes catecúmenos e crismandos.

Todos:

Senhor, atendei a nossa prece.

Leitor:

Senhor, tornai-nos sensíveis às necessidades e sofrimentos de nossos irmãos e irmãs, e inspirai-nos gestos de solidariedade.

Todos:

Senhor, atendei a nossa prece.

Leitor:

Senhor, iluminados por vossa Palavra e amparados pela comunidade, estes catecúmenos sejam considerados dignos do batismo e estes vossos eleitos, da renovação do Espírito Santo.

Todos:
Senhor, atendei a nossa prece.

Oração conclusiva

98. Os catecúmenos e os crismandos se dirigem à frente e se ajoelham diante de quem preside. Este, com as mãos estendidas sobre os catecúmenos, diz a seguinte oração:

Oremos.

Deus eterno e Todo-Poderoso, sois o Pai de todos e criastes o homem e a mulher à vossa imagem. Acolhei com amor estes nossos queridos irmãos e irmãs e concedei que eles, renovados pela força da palavra de Cristo, que ouviram nesta assembléia, cheguem pela vossa graça à plena conformidade com vosso Filho Jesus. Que vive e reina para sempre.

Todos:
Amém.

Outra oração opcional, RICA n. 95, p. 180.

Despedida dos catecúmenos

96. Quem preside, depois de aludir brevemente à alegria da recepção dos catecúmenos e crismandos e exortá-los a viver de acordo com o que ouviram, despede-os com estas palavras ou outras semelhantes:

Prezados catecúmenos e crismandos vão em paz e o Senhor Jesus permaneça com vocês.

Todos:
Graças a Deus.

Despedida dos fiéis e canto apropriado

Após a celebração, os catecúmenos, juntamente com os introdutores, catequistas e outros membros da comunidade, permaneçam juntos, para partilhar alegrias e confraternizar.

Unidade 3
O DISCIPULADO EM MARCOS

10º encontro

Visão geral do evangelho de Marcos

Ver

Um pai ou mãe conta uma história para seu filho. Por quê? O que a história quer transmitir? Vocês lembram de alguma história contada por pai, tio, avô? Como foi?

Julgar

Ler Mc 1,1-9. Mc 1,1 – Por que Marcos escreve? Ele quer comunicar que há uma Boa-Nova circulando. E essa Boa-Notícia é Jesus. E este Jesus é o Messias (o prometido de Javé para realizar plenamente a vontade de Deus), e é também o Filho de Deus. Assim Marcos anuncia o porquê da sua história. Agora temos de ler todo o evangelho para descobrir o que significa Jesus ser o Messias e Filho de Deus. Em todo o seu evangelho, Marcos quer responder a duas perguntas: Quem é Jesus e como ser discípulo.

Marcos escreve para as comunidades de Roma nos anos 70. Ele tenta dar uma resposta de fé, fazendo a memória de Jesus, para as dificuldades e dúvidas que os cristãos encontravam. Quais eram as dificuldades?

a) Havia perseguições dos cristãos. Em 64 d.C. o Imperador Nero promove uma perseguição das comunidades cristãs. Havia muita dúvida, muito medo. Será que é isso que Deus quer de nós?

b) Houve a guerra judaica, de 67 a 70 d.C. Os judeus se rebelaram contra o império. Em 70 Jerusalém cai; a cidade e o templo são destruídos. Há muita tensão entre os judeus. Uns a favor, outros contra essa rebelião. Ainda a maioria dos cristãos naquela época era de origem judaica.

c) Como entender a cruz de Jesus? No Antigo Testamento se afirma que um crucificado é "maldito de Deus" (Dt 21,23). Como, então, Jesus pode ser o messias?

d) Havia dúvidas de como ser discípulo de Jesus. Então Marcos descreve as dificuldades dos apóstolos para mostrar que é possível seguir a Cristo. É necessário se converter, e, apesar das fraquezas, assumir o caminho de Jesus.

O evangelho de Marcos é para ser lido, relido, meditado, rezado, comparado e aprofundado. É o que vamos fazer em nossos encontros nesse primeiro ano.

Agir

Durante o ano, após cada encontro reler o trecho de Marcos meditado no encontro. E também ler o trecho que será estudado no próximo.

CELEBRAR

Rezar o Salmo 1.

Bênção[1]

RICA 119: Quem coordena o encontro estende as mãos em direção aos candidatos (colocam-se de joelhos). Ao terminar, os catequizandos aproximam-se de quem preside e este impõe as mãos a cada um.

Oremos.

Senhor Deus Todo-Poderoso, olhai os vossos servos e servas que são formados segundo o Evangelho de Cristo: fazei que vos conheçam e amem e, generosos e prontos, cumpram a vossa vontade. Dignai-vos prepará-los por esta santa iniciação e tornai-os membros ativos de vossa Igreja para que participem dos vossos mistérios neste mundo e na eternidade. Por Cristo, nosso Senhor. Amém.

Para casa: Reler Mc 1,1-9. Ler Mc 1,14-20.

---
[1] *RICA*, n. 123, p. 186.

11º encontro

Jesus anuncia a Boa-Nova e chama pessoas para segui-lo

Ver

Quando nos lembramos de alguém que foi muito importante em nossa vida, logo recordamos o que mais nos marcou. Conte alguma história que você se lembra de uma pessoa importante, por exemplo, pai ou mãe.

Julgar

Ler Mc 1,14-20. Marcos lembra-se logo, em primeiro lugar, de que Jesus pregou a Boa-Notícia. E foi em quatro partes: *1ª) Esgotou-se o prazo*. Jesus percebe que o Reino está aí. Outros achavam que primeiro deviam acontecer outras coisas. *2ª) O Reino de Deus chegou*. Não depende dos esforços da gente. Jesus diz o que todos estavam esperando: "O Reino já está aí". A questão é ver bem; saber olhar com os olhos de Deus. *3ª) Mudem de vida, convertam-se*. É necessário mudar o modo de pensar e viver, para perceber, possibilitar e apoiar o Reino. A experiência de Deus dará jeito novo de ver e viver a vida. *4ª) Acreditem na Boa-Notícia*. Não é fácil pensar em viver diferente do que se aprendeu. É possível somente a partir da fé, a partir da confiança na pessoa que traz a novidade, Jesus.

Mc 1,16-20 – o primeiro objetivo do anúncio da Boa-Nova é formar a comunidade. Jesus passa, vê e chama. Marcos conta como se fosse amor à primeira vista; quer sugerir que o encontro com Jesus deve provocar uma mudança radical na vida da gente. Eles largam tudo e seguem Jesus para todos os cantos e situações.

Seguir Jesus é:
1. Imitar o exemplo de Jesus. O conteúdo da aprendizagem é o Reino.

2. Participar do destino do Mestre. Enfrentar o que Jesus enfrentava: tentações, perseguições, morte.
3. Ter a vida de Jesus dentro de si. Tão identificado com ele que se pode dizer: "Eu vivo, mas não eu: é Cristo que vive em mim" (Gl 2,19). Como tudo isto soa em nossa vida hoje?

Agir

Jesus anunciou o Reino. Eu quero mesmo viver em função do Reino? Quero entrar na comunidade, na Igreja, para ter mais força para acolher o Reino de Deus neste mundo? Entro na comunidade, na Igreja, para fazer o que Jesus fazia?

C E L E B R A R

Rezar o Salmo 15(14).

Oremos.[1]

RICA 113: A assembléia ora em silêncio, quem preside impõe as mãos sobre cada candidato e depois diz a oração:

Deus Todo-Poderoso e eterno, que nos prometestes o Espírito Santo por meio de vosso Filho Unigênito, atendei a oração que vos dirigimos por estes catecúmenos que em vós confiam e por estes que querem seguir vosso Filho mais de perto. Afastai deles todo o espírito do mal, todo erro e todo pecado, para que possam tornar-se e viver como verdadeiros templos do Espírito Santo. Fazei que a palavra que procede de nossa fé não seja dita em vão, mas confirmai-a com aquele poder e graça com que o vosso Filho Unigênito libertou do mal este mundo.

Por Cristo, nosso Senhor.

Todos:

Amém

Para casa: Reler Mc 1,14-20. Ler Mc 1,21-28.

---

[1] No final do encontro, o grupo coloca-se em atitude de oração. Recomenda-se cantar ao Espírito Santo.

12º encontro

Jesus ensina com autoridade

Ver

Olhando nossa vida, há várias maneiras de exercer a autoridade. Há a autoridade formal: prefeito, pai/mãe, presidente, padre. Pela função exerce sua autoridade. Ensina e decide com o peso da sua posição. "Sabe com quem está falando?"

Há outra maneira de influenciar e ensinar a verdade da vida. Por exemplo, avó ou tio, ou pai/mãe que falam a partir de sua experiência. Pessoas com muita sabedoria. Convencem não pela posição/função, mas por sua sabedoria. Dê exemplos.

Julgar

Ler Mc 1,21-28. Duas vezes o texto fala de "autoridade" de Jesus que não é como os doutores da lei, que decoram sua fala. É diferente, ele atua a partir da sua experiência, do seu interior, do seu relacionamento com o Pai, que o escuta sempre. Jesus fala e faz. Sua vida é totalmente coerente com o que diz. Por isso o povo acredita nele. Jesus inspira confiança. O povo sente que Jesus o conhece por dentro; sabe o que passa nos corações. Por isso Jesus é uma resposta aos anseios do povo.

Cafarnaum: Uma vila junto ao mar da Galiléia.

Sinagoga: Igreja dos judeus, onde se reuniam todos os sábados.

Sábado: Dia de descanso e de culto a Deus.

Doutores da lei: Entendidos que explicavam a Bíblia.

Agir

Precisamos desenvolver um senso crítico diante das autoridades formais. Saber valorizar aqueles que têm autoridade como Jesus. Nós mesmos podemos desenvolver essa autoridade. Sermos coerentes: falar e fazer se combinam. Como viver essa autoridade de Jesus na família, na sociedade, no emprego, na profissão?

C E L E B R A R

Agradecer espontaneamente a Deus pelas pessoas com verdadeira autoridade em nossa vida.

Bênção

RICA 119: Quem coordena o encontro estende as mãos em direção aos candidatos (colocam-se de joelhos). Ao terminar, os catequizandos aproximam-se de quem preside e este impõe as mãos a cada um.

Oremos.[1]

Senhor, Deus onipotente, criastes o ser humano à vossa imagem e semelhança, em santidade e justiça e quando ele se tornou pecador, não o abandonastes, mas pela encarnação de vosso Filho lhe providenciastes a salvação. Salvai estes vossos servos e servas, livrai-os de todo mal e da servidão do inimigo e deles expulsai o espírito de mentira, cobiça e maldade.

Recebei-os em vosso reino e abri seus corações à compreensão do vosso Evangelho para que sejam filhos da luz, dêem testemunho da verdade e pratiquem a caridade segundo os vossos mandamentos. Por Cristo, nosso Senhor.

Todos: Amém.

Para casa: Reler Mc 1,21-28. Ler Mc 1,29-45.

---

[1] No final do encontro, o grupo coloca-se em atitude de oração. Recomenda-se cantar ao Espírito Santo. *RICA*, n. 115, p. 181.

13º encontro
Jesus se revela pelas obras

Ver

O que é mais importante: falar bonito ou fazer bonito? Jesus faz muitas coisas. Por quê? Hoje há muita gente doente? Por que tantas doenças hoje? Quais são as causas? Tem a ver com o desemprego, com salário baixo demais? Há doenças que são tratadas com preconceito? Por exemplo a Aids.

Julgar

Ler Mc 1,29-45.

Sogra de Simão: Simão ou Pedro era casado.

Febre e doença: considerada de origem demoníaca, fruto do pecado.

Leproso: era excluído da convivência, tinha de se afastar da vila.

"Vai mostrar-te ao sacerdote e apresenta, por tua purificação, a oferenda prescrita" (1,44): em caso de cura da lepra (quase nunca acontecia) tinha de provar diante do sacerdote que estava são e sem as conseqüências do pecado.

Mc 1,21: Jesus começou a ensinar, mas o autor só conta curas. O que sugere que Jesus evangelizou mais pelas obras, do que por palavras.

Mc 1,29-31: Jesus cura a sogra de Pedro, restaura a vida para o serviço; "servir" é o sentido profundo da vida.

Mc 1,32-34: Jesus acolhe os marginalizados; doentes e possessos dos demônios experimentam o poder do mal em suas vidas. Por isso são considerados castigados de Deus. Jesus mostra que o Pai não pensa assim. Ao curar, Jesus contesta as opiniões das lideranças religiosas.

Mc 1,35: é importante manter a consciência de missão. Jesus não cura para agradar, ou para angariar benevolência, ou para buscar sucesso. Cura exclusivamente para cumprir a missão recebida de seu Pai.

Mc 1,40-45: o leproso, excluído da convivência social e menosprezado religiosamente, é reintegrado. Jesus quer vida para seu povo. O reino é para todos. Só fica de fora quem quer.

Como aplicar essas atitudes a nós?

Agir

No mundo de tantas doenças hoje, como ensinar e evangelizar como Jesus? Pastoral da saúde, pastoral da sobriedade, cuidado e visita aos doentes. Lutar para que as causas das doenças (fome, desemprego) sejam superadas.

C E L E B R A R

Catequista:

Ó Deus, cremos que sois nosso Pai e que nos amais.

Todos:

Dai-nos saúde e paz.

Catequista:

Sabemos, Senhor, que cuidais de nós, e que nunca nos abandonais. Temos dificuldades, mas confiamos em vós.

Todos:

Senhor, dai-nos saúde e paz.

Catequista:

Senhor, ajudai nossos irmãos doentes, são vossos filhos e confiam em vós. Fazei que fiquem bons e tenham alegria.

Todos:

Senhor, dai-nos saúde e paz.

Catequista:

Senhor, fazei que nos ajudemos uns aos outros em tudo aquilo que pudermos.

Todos:

Senhor, dai-nos saúde e paz.

Catequista:

Senhor, dai-nos coragem para sermos diferentes quando a nossa fé o exige.

Todos:

Senhor, dai-nos saúde e paz.

Para casa: Reler Mc 1,29-45. Ler Mc 2,1-12.

14º encontro

Jesus perdoa os pecados

Ver

Há doenças que são conseqüências do vício, e outras que não têm nada a ver com ele. Conhecemos pessoas que têm algum vício que prejudica a sua vida? Achamos que Deus castiga as pessoas?

Julgar

Ler Mc 2,1-12. O povo procura Jesus e quer ouvir a Palavra de Deus. Jesus usava exemplos de vida (parábolas). Mas fala de um jeito novo: a partir da sua experiência com o Pai e com a vida. Deus para Jesus não era juiz que castiga, mas presença amiga no meio do povo.

Mc 2,3-5 – A solidariedade dos amigos consegue o perdão do paralítico. Eles perceberam que junto de Jesus havia algo de bom para o paralítico. Este não seria condenado por causa de seus pecados, como os doutores da lei sempre falavam. Jesus transmite a experiência de Deus aproximando-se do paralítico, e perdoa seus pecados.

Mc 2,6-7 – Jesus é acusado de blasfêmia pelos líderes religiosos. Como Jesus, tomado como um leigo, um operário e um sem-estudo, pode afirmar que Deus perdoou? E se for verdade, como esses líderes vão ficar com suas opiniões e sem a fonte de renda (porque os doutores da lei mandavam os pecadores – impuros – fazer ofertas para se purificar)?

Mc 2,8-11 – Ao curar o paralítico, Jesus prova que tem poder de perdoar os pecados e que o paralítico não estava ausente do coração de Deus. A fé do paralítico e de seus amigos é uma prova de que Deus os acolhe no seu amor.

Mc 2,13 – O povo diz: "Nunca vimos coisa igual".

Agora é claro:
1. Doença não é necessariamente conseqüência do pecado. Doente não é castigado por Deus.
2. Jesus mostra que sempre há caminho aberto para Deus.
3. Jesus mostra um Deus compassivo e misericordioso.

O conflito em Mc aparece desde o início:

		adversários	razão do conflito
1º conflito	Mc 2,1-12	escribas	perdão dos pecados
2º conflito	Mc 2,13-17	fariseus	comer com pecadores
3º conflito	Mc 2,18-22	fariseus	prática do jejum
4º conflito	Mc 2,23-28	fariseus	observância no sábado
5º conflito	Mc 3,1-6	fariseus herodianos	cura no sábado

Em Mc 3,6 já há a decisão de matar Jesus.

Agir

Acredito ainda num Deus castigador? Acredito mesmo no perdão de Deus para todos? Tem jeito de superar as várias paralisias da vida? Como? A fé em Jesus pode curar essas paralisias? Sou capaz de perdoar a mim mesmo e aos outros?

C E L E B R A R

Catequista:

Pai dos oprimidos e esquecidos, tu conheces e sentes a minha dor.

Todos:

Fazei-nos justiça, ó Deus, e perdoai-nos.

Catequista:

Dá-nos força para quebrarmos as correntes da dominação e da ganância.

Todos:

Fazei-nos justiça, ó Deus, e perdoai-nos.

Catequista:

Destrói os orgulhosos, os que abusam do poder, os inimigos que se enriquecem às custas dos trabalhadores.

Todos:

Fazei-nos justiça, ó Deus, e perdoai-nos.

Catequista:

Pai dos pobres, há muita paralisia em nosso meio: salário de fome, negro e índio marginalizados, gente sem casa e sem terra para trabalhar.

Todos:

Fazei-nos justiça, ó Deus, e perdoai-nos.

Pedidos espontâneos...

Pai-nosso.

Para casa: Reler Mc 2,1-12. Ler Mc 2,23-28.

15º encontro

Jesus e a lei

Ver

Jesus veio libertar o homem, rompendo com todas as amarras e prisões injustas da sociedade dominante de seu tempo, das leis que escravizam o homem e que justificam a opressão sobre a vida humana.

Como são as leis hoje? O que elas defendem e a quem protegem? Para quem será a lei? O que é preciso para que uma lei seja justa? Há situações em que um ato é legal (conforme a lei), mas imoral ou ilegítimo? Por exemplo, salário mínimo. O que quer dizer: isso é legal, mas imoral.

Julgar

> *Sábado*: Dia do Senhor para os judeus. Havia muitas advertências no sentido de que se observasse o sábado.
>
> Davi comeu pães oferecidos a Deus que somente os sacerdotes podiam comer. Fez isso numa situação de penúria.

Ler Mc 2,23-28. Os fariseus questionaram Jesus porque seus discípulos arrancaram espigas num dia de sábado. Jesus reage dando destaque à pessoa humana como centro da obra de Deus. Jesus veio para pôr ordem em muita coisa, tanto no aspecto religioso como no social. Ele mostra que o projeto de Deus é o de um mundo organizado com costumes e leis para que a pessoa humana não seja prejudicada.

A lei do sábado serve para os homens e não o inverso. O sábado, dia do Senhor, existe para que não se esqueça a razão da vida, que é a glória de Deus. Quando a lei é colocada de tal maneira que prejudica a vida humana, ela perde a sua finalidade. A lei precisa ser elaborada de maneira a servir às pessoas. Por exemplo, a lei do salário mínimo deve ser aplicada de tal maneira que preserve a vida do trabalhador. Direitos adquiridos, que atrapalham o conjunto da nação, precisam ser revistos.

Agir

Contra quais leis precisamos reagir? Ou: De quais devemos exigir melhor aplicação? Podemos aceitar pagar serviços que não recebemos? Por exemplo, taxa de esgoto na conta de água? Quais os instrumentos para agir? Associação de bairro?

C E L E B R A R

Os sacramentos são acontecimento da Palavra. É a Palavra visível portadora de uma graça invisível. Por isso, vamos acolher a Palavra que se faz gesto na celebração.

Rito do "Éfeta"[1]

200. Este rito, por seu próprio simbolismo, sugere a necessidade da graça para se ouvir e professar a Palavra de Deus a fim de se alcançar a salvação.

194. A celebração se inicia de modo habitual, com o sinal-da-cruz e a saudação de quem preside. Segue a oração:

Oremos.

Pai amado e Todo-Poderoso, vós quereis restaurar todas as coisas em Cristo e atraís toda a humanidade para ele. Guiai estes catecúmenos e os que vão completar a iniciação e concedei que, fiéis à sua vocação, possam integrar-se e participar

---

[1] O números laterais se referem ao *Ritual de Iniciação Cristã de Adultos (RICA)*.

plenamente no Reino de vosso Filho e ser assinalados com o Espírito Santo, o vosso dom. Por Cristo, nosso Senhor.

Todos:

Amém.

201. Depois de um canto apropriado, lê-se Mc 7,31-37, que será brevemente explicado por quem preside.

202. A seguir, quem preside, tocando com o polegar os ouvidos e os lábios de cada eleito, diz:

Éfeta, isto é, abre-te,

a fim de proclamares o que ouviste

para louvor e glória de Deus.

Em seguida pode haver preces espontâneas do grupo, a oração do pai-nosso e quem preside dá a bênção final.

Para casa: Reler Mc 2,23-28. Ler Mc 3,13-19 e 6,7-13.

16º encontro

Jesus chama e forma seus colaboradores

Ver

Para formar uma comunidade precisamos de muitas pessoas. É necessário compartilhar os serviços, ir em busca dos afastados e dos que podem contribuir com seus dons.

Na sociedade é a mesma coisa. Precisa-se de muita gente disposta a servir a coletividade. Não vale convocar pessoas que apenas procuram seus próprios interesses.

Julgar

Ler Mc 3,13-15 e 6,7-13. Jesus chama para uma dupla missão: estar com ele e formar comunidade; e pregar e expulsar demônios, isto é, combater o poder do mal.

Jesus veio realizar o projeto do Pai: inaugurar o Reino e organizar o mundo conforme a vontade dele.

Jesus faz isso com outros, por isso chama os doze, gente simples do povo. Hoje, continua fazendo a mesma coisa com outras pessoas por meio da comunidade. Em Mc 6,7-13, Jesus começa a enviar seu grupo. Vão de dois em dois anunciar a Boa-Nova, sem a preocupação com o conforto. Andam com ele, aprendem a missão. São enviados sem dinheiro, como pobres. Jesus os prepara para enfrentar a resistência. Quando não são bem recebidos, devem sacudir o pó da estrada e ir para outro lugar.

Agir

Jesus, ao chamar pessoas para formar seu grupo de convivência e amizade, nos dá exemplo de que necessitamos uns dos outros e não podemos viver isolados. Somos chamados a viver em comunidade e a partilhar nossos dons, nossa vida, nossas dificuldades e fraquezas. No grupo de Jesus, cada um, do seu jeito, contribui para a alegria, a fraternidade e a superação das dificuldades.

Vamos lembrar os que já aceitaram o chamado na comunidade. Ver como eles respondem à voz do Senhor.

Ser batizado significa assumir o chamado de Jesus para levar adiante a missão e construir, junto com outros, a nova sociedade, sinal da presença do Reino. Como poderemos fazer isso? Jesus chama os discípulos e lhes deu uma missão. Qual? Nós também somos chamados por Jesus? Para quê?

CELEBRAR

Encarar o texto, procurando trazer para hoje o chamado de Jesus e o envio.

Oração final

Senhor, Tu nos chamaste para seguir-te na tua Igreja presente em nossa comunidade. Confiaste-nos a missão de anunciar o novo mundo, o novo jeito de viver. Chamaste-nos para denunciar tudo o que seja contrário ao teu Reino. Senhor, ajuda-nos a testemunhar, com a nossa vida, a realidade nova do Reino inaugurado por ti.

Todos: Amém.

Para casa: Reler Mc 3,13-19 e 6,7-13. Ler Mc 3,20-21 e 3,31-35.

17º encontro

A verdadeira família de Jesus

Ver

Como nos relacionamos com nossa família? Tudo o que a família quer e propõe é bom? Você tem algum amigo que é mais importante do que a família?

Julgar

Ler Mc 3,20-21. Jesus volta para casa, agora em Cafarnaum. Os parentes, sabendo que Jesus não tinha tempo nem para comer, acham que está "louco".

Jesus não se prende ao que sua família acha dele. Suas referências são outras, saiu da pequena família para entrar na grande família de seu Pai.

Mc 3,31-35: Os fariseus, "de fora", chamam Jesus que está rodeado pelos "de dentro". Para pertencer à grande família de Jesus, "os de dentro", ou mais achegados, é preciso estar afinado com a Boa-Nova. A grande referência é "a vontade do Pai". Quem vive na intimidade com o Pai também participa da intimidade de Jesus, passa a ser sua mãe, irmã e irmão.

Como podemos pertencer à grande família de Jesus? Não pelos laços de parentesco, ou exercendo funções, mas, assim como Jesus, tomando a decisão de cumprir a vontade do Pai e acolher o Reino aqui na terra.

Nada afasta Jesus da missão, nem a própria família. Essa atitude é um convite para nós também colocarmos a missão, ou a vontade do Pai, acima de qualquer outra coisa.

Agir

Como sou seguidor de Jesus? Coloco minha família acima de Jesus e de seu projeto? Sou daqueles que querem tudo para a própria família sem me importar com a dos outros? Faço da minha família, uma família aberta para a grande família, como Jesus fez? Já descobri que minha família irá bem quando as outras forem bem? Quais são as nossas referências mais importantes na vida? A família de sangue é tudo? Ou pode haver outra referência mais profunda?

C E L E B R A R

Em círculo, abraçados, fazer agradecimentos por ser chamados a formar a grande família de Jesus. Pedir força para sempre ter coração aberto às necessidades dos outros.

Oração[1]

RICA 119: Quem coordena o encontro estende as mãos em direção aos candidatos (colocam-se de joelhos). Ao terminar, os catequizandos aproximam-se de quem preside e este impõe as mãos a cada um.

Senhor Jesus Cristo, amigo e Redentor da humanidade, em vosso nome todos devem ser salvos e diante de vós todo joelho se dobre, no céu, na terra e nos abismos. Nós vos rogamos em favor destes vossos servos e servas, que vos adoram como verdadeiro Deus. Perscrutai seus corações e iluminai-os; afastai deles toda tentação e inveja do inimigo e curai-os de seus pecados e fraquezas para que, aceitando vossa vontade benévola e perfeita, obedeçam fielmente ao Evangelho e sejam dignos da habitação do Espírito Santo. Vós que viveis e reinais para sempre.

Todos: Amém.

Canto: "Povo que és Peregrino".

Para casa: Reler Mc 3,20-21 e 3,31-35. Ler Mc 3,22-30.

---

[1] Recomenda-se cantar ao Espírito Santo. *RICA*, n. 118, p. 183.

18º encontro

Blasfemar contra o Espírito Santo

Ver

Quando coloco óculos escuros, vejo tudo escuro. Assim também na minha mente. Se sou pessimista, enxergo sempre o lado negativo das coisas. Como funciona isso na minha vida?

Julgar

> *Blasfêmia*: Uma fala que ofende a Deus.
>
> *Espírito Santo*: A força de Deus em nossa vida. A terceira pessoa da Santíssima Trindade, que nos foi dada para pensar, sentir e agir como Deus pensa, sente e age.

Ler Mc 3,22-30. Os doutores da lei têm dificuldade com Jesus, que fala e faz coisas diferentes. E eles dizem: tudo o que é diferente vem do demônio. Jesus dá vários exemplos para mostrar que se fosse assim ele mesmo seria inconseqüente e atrapalharia a si mesmo.

No final, Jesus chega a questionar a mentalidade dos doutores da lei. Se você tem preconceito, nunca será capaz de avaliar alguma coisa com retidão, com isenção. O preconceito (os óculos escuros) cria uma barreira. Quem se coloca na escuta do Espírito Santo descobre o que Deus pretende. Quem acha que Deus tem de fazer as coisas do jeito que nós imaginamos nunca vai poder acolher a novidade que Jesus nos trouxe da parte de Deus.

Enquanto a pessoa não se coloca na escuta com coração aberto, nem Deus é capaz de perdoar. Deus quer e só pode perdoar quem quiser. Quem não fecha o guarda-chuva não terá condições de receber a chuva do perdão.

Agir

Temos algum conceito, alguma opinião que nos impeça de ver a realidade com os olhos de Deus? Em nossa comunidade/família, há gente que é contra qualquer novidade? Como nos ajudar mutuamente?

C E L E B R A R

O ambiente pode estar à meia-luz. No centro, colocam-se flores, velas acesas e, em destaque, a Bíblia.

O grupo, sentado nas cadeiras ou carteiras ou no chão, possivelmente se dispõe em círculo; busca-se uma posição cômoda. As palmas das mãos abertas para cima permanecem sobre os joelhos. Faz-se silêncio por alguns minutos e começa-se o mantra sobre a escuta da Palavra; em voz baixa, vai-se repetindo com a participação do grupo, ora aumentando o volume da voz, ora diminuindo.

Com tranqüilidade, um participante proclama um trecho da Bíblia, previamente escolhido (sugestão: Sl 23,1-6 "O Senhor é o meu pastor, nada me falta").

Faz-se silêncio novamente, o dirigente convida a fazer algumas preces espontâneas. Conclui-se com o pai-nosso.

Para casa: Reler Mc 3,22-30. Ler Mc 4,1-20.

19º encontro

O Reino é como o semeador

Ver

Há vários tipos de terra – vermelha, arenosa, branca, preta –, cada uma com suas propriedades e possibilidades. Como trabalhar com cada tipo de terra e com cada tipo de gente?

Julgar

Parábola: Tipo de comparação; pequena narrativa que provoca entendimento.

Ler Mc 4,1-20. Jesus observa como a semente pode cair em terra, em solo diferente. O resultado, a colheita, também será diferente.

O semeador (o Pai) joga a semente com generosidade (esta semente é a palavra de Jesus, a proposta do Reino). A semente encontra terra pisada, terra pedregosa, terra cheia de espinhos e terra boa.

A parábola é para "os de dentro" uma oportunidade de entender e viver a proposta de Deus. Para "os de fora", ela é negativa porque não conseguem entendê-la.

Depois Jesus dá sua explicação: *Terra pedregosa* é terra sem profundidade. É coração de gente que se entusiasma por Jesus e seu projeto, mas não tem fôlego. Qualquer obstáculo é suficiente para parar. *Terra cheia de espinhos* é o coração de gente que se deixa engolir pelas novelas, pela propaganda, por mil e uma preocupações que a vida oferece. *Terra dura e pisada* é o coração de gente fechada, cheia de resistência, auto-suficiente, insensível com a realidade dos outros. *Terra boa* é o coração de gente aberta, esforçada, persistente, que, conforme a sua colaboração com a Palavra de Deus, pode produzir em intensidade diferenciada.

Agir

Onde nos colocamos? Deus semeia generosamente, mas depende de nossa acolhida para que sua palavra, sua ação, construa os traços de seu Reino em nós. Quanto gasto de tempo e energia com a Palavra de Deus? O que faço de especial? Participo de alguma pastoral para me aprofundar no seguimento? O que fazer para que a Semente da Palavra tenha pleno êxito?

C E L E B R A R

Providenciar antecipadamente terra de vários tipos e algumas sementes. Plantá-las enquanto se canta "Põe a semente na terra...".

Seguem-se orações espontâneas.

Para casa: Reler Mc 4,1-20. Ler Mc 4,30-34.

20º encontro

O Reino é como o grão de mostarda

Ver

O grande amor de uma mãe se mostra nas pequenas coisas que faz a cada dia em favor de seus filhos. Lembrar como a comunidade começou, muito fraquinha, com poucas pessoas por algum tempo, mas depois cresceu.

Julgar

Ler Mc 4,30-34. Às vezes, nós nos impressionamos com as grandes obras. Esquecemos que qualquer uma começa pequena. Jesus mostra que o mistério da vida se esconde na pequena semente. A menor semente traz vida dentro de si, como qualquer semente maior. A semente de mostarda é bem pequenina, mas crescida pode se tornar um arbusto de três metros de altura.

Chamamos Deus de "Todo-Poderoso" e pensamos que ele pode tudo. Achamos que ele pode fazer valer sua vontade a ferro e fogo. E ficamos decepcionados quando percebemos que o mundo não é melhor, que não é nem de longe como ele mesmo gostaria. Onde está o seu ser "Todo-Poderoso"? Será que Deus está ausente? Ou dormindo?

Quando Deus se mostra como é na pessoa de Jesus, percebemos que, diante das forças do mal, Jesus é pequeno, fraco e morre na cruz. Deus realiza a libertação por caminhos contraditórios. Diz são Paulo: "Quando sou fraco, então é que sou forte" (2Cor 12,10). A fortaleza de Deus se opera nas coisas pequenas (semente de mostarda). A força divina está escondida nas coisas pequenas que diante do mundo não valem nada. Cabe a nós descobrir na vida aquilo que traz a força de Deus, para apostar naquelas coisas fracas, cheias da presença de Deus.

Agir

Observar como as pastorais trabalham com coisas pequenas que aparentemente não trazem resultados, mas, mesmo assim, são importantíssimas. Sou capaz de participar de uma delas? Sou capaz de colaborar com a minha comunidade?

CELEBRAR

Todos ficam em círculo, de pé, minutos em silêncio, pensando nessa parábola de Jesus. Depois, preces espontâneas de cada participante, e a resposta a cada prece é: "Ajudai-nos a acolher o teu Reino de Fé".

Oração[1]

RICA 119: Quem coordena o encontro estende as mãos em direção aos candidatos (colocam-se de joelhos). Ao terminar, os catequizandos aproximam-se de quem preside e este impõe as mãos a cada um.

Oremos.

Senhor Jesus Cristo, que no monte das bem-aventuranças quisestes afastar vossos discípulos do pecado e revelar o caminho do reino dos céus: preservai estes vossos servos e servas, que ouvem a palavra do Evangelho, do espírito de cobiça e avareza, de luxúria e soberba. Como discípulos vossos, julguem-se felizes na pobreza de alma e desejo de justiça, na misericórdia e pureza de coração; sejam portadores da paz e sofram as perseguições com alegria para terem parte em vosso reino e, alcançando a

---

[1] Recomenda-se cantar ao Espírito Santo. *RICA* 116, pp. 181-182.

misericórdia prometida, gozarem no céu o júbilo da visão de Deus. Vós que viveis e reinais para sempre.

Todos: Amém.

Oração final

Senhor, dá-nos a graça de acreditar na tua força, nos pequenos gestos de amor e de justiça de teu povo. Ajuda-nos a realizar um pouco a tua vontade, aqui, onde Tu nos chamaste.

Para casa: Reler Mc 4,30-34. Ler Mc 4,35-41.

21º encontro

Tempestade na vida

Ver

Você já passou "maus pedaços" na sua vida? Como foi a experiência? Como se sentiu? Como tentou sair daquela situação angustiante?

Julgar

Para Marcos, "mar" significa "o perigo", porque pelo mar Mediterrâneo chegava a dominação do Império Romano.

Ler Mc 4,35-41. Marcos constatou que as comunidades em Roma passavam muitas dificuldades. Os cristãos não eram bem-vistos pelas autoridades. Era a desconfiança pelo novo, pelo diferente.

Na experiência das ameaças (vento contrário e ondas ameaçadoras) parecia que a vida (o barco no mar) estava fazendo água. Ia se afundando.

E Jesus? Parecia que estava ausente, dormindo, não tomava conhecimento da situação.

Mas... apelando a Jesus na angústia, ele se torna presente e força segura no meio da confusão. Assim, temos como enfrentar as ondas ameaçadoras da vida. O problema é que nossa confiança em Jesus ainda é muito pequena.

Agir

É necessário aprender a colocar Jesus no meio dos "maus pedaços" de nossa vida. Descobrir como a fé nos oferece saídas e forças para enfrentar as dificuldades. Nessas situações, Jesus nos sugere apelar para a solidariedade, para a criatividade...

DINÂMICA CELEBRATIVA

Enrolar vários pedaços de barbante e fazer uma corda forte. Assim, não se quebrará.

A corda passa de mão em mão. Cada um, por sua vez, reza se comprometendo a ajudar os irmãos a enfrentar as dificuldades.

Intercalar com canto que fale do Reino.

Para casa: Reler Mc 4,35-41. Ler Mc 5,21-43.

22º encontro

Jesus restaura a vida

Ver

Na vida existe morte prematura. Também há muitas doenças que poderiam não existir e até ser evitadas. São produtos de falhas nossas, como, por exemplo, falta de comida, abusos de álcool ou drogas...

Julgar

Milagre: Vem de *miraculum*, algo que provoca admiração. Na Bíblia, o milagre é sinal da presença e ação de Deus; é a maravilha de Deus que nos mostra sua ação libertadora.

Mulher com hemorragia: Fluxo de sangue que, no entender dos líderes religiosos, torna a mulher impura. Quem tocar nela se torna impuro.

Ler Mc 5,21-43. Mc 5,25-26 – 12 anos de hemorragia são 12 anos de exclusão.

Mc 5,27-29 – Atitude da mulher. Ela inverte o que se ensinava. O ensino oficial era: quem toca numa impura fica impuro. Ela diz: se eu tocar em Jesus, ficarei pura. É a coragem de ter fé num Deus da vida.

O sinal, a cura, o milagre que Jesus realiza mostram sua ação libertadora no meio do povo. A mulher era considerada impura, e, por isso, afastada de Deus e marginalizada. Jesus acaba com essas idéias. Ele mostra que nosso Deus é Deus da vida, que restaura a vida. A mulher é atendida, porque tinha fé. O sinal segue a fé (nós, às vezes, queremos o sinal para poder acreditar).

Curando a mulher e chamando de volta à vida a menina, Jesus mostra que para Deus a pessoa inteira é importante. Jesus não veio salvar apenas as almas, mas sim as pessoas. Boa saúde, amor e vida em abundância fazem parte do Reino. A Boa-Nova de Jesus é algo para aqui e agora. Não nos salva apenas para entrarmos no céu. Todos os cuidados com a vida (também a comida) são importantes para Jesus e para Deus. Assim, Jesus nos chama a cuidar da vida, lutar contra as doenças, evitar tudo o que possa prejudicar a qualidade de vida.

Agir

É bom conhecer a pastoral da saúde, ou trabalhar para que ela surja na nossa comunidade. Organizar o povo para reinvindicar o saneamento básico (acabar com esgoto na rua), lutar por comida saudável (saber o valor nutritivo da comida), descobrir os remédios a partir das plantas.

C E L E B R A R

Ladainha:
(responder a cada vez "Livrai-nos, Senhor")
Da doença...
Da morte antes da hora...
Da falta de fé...
Da marginalização...
Da opressão dos doentes...
Da falta de saneamento básico...
Do mal atendimento aos doentes...
Da preguiça...
Da mentira...

Da falta de alimento...
Do preconceito... *(podem acrescentar mais)*.

Bênção[1]

RICA 119: Quem coordena o encontro estende as mãos em direção aos candidatos (colocam-se de joelhos). Ao terminar, os catequizandos aproximam-se de quem preside e este impõe as mãos a cada um.

Oremos.

Deus, criador e salvador de todo ser humano,
que em vosso amor destes a vida a estes catecúmenos,
em vossa misericórdia os socorrestes e chamastes a vós:
penetrando o íntimo do seu ser,
protegei-os nesta espera de vosso Filho,
conservai-os em vossa providência
e, levando ao fim vosso plano de amor,
concedei que, aderindo sinceramente ao Cristo,
sejam contados na terra entre os seus discípulos
e se alegrem no céu com seus louvores.
Por Cristo, nosso Senhor.
Todos: Amém.

Para casa: Reler Mc 5,21-43. Ler Mc 6,1-6.

---

[1] Recomenda-se cantar ao Espírito Santo. cf. *RICA*, n. 117, p. 184.

23º encontro

Deus age nas pessoas

Ver

Deus não nos fala apenas pela Bíblia, mas também pelos acontecimentos da vida. O que já escutamos dessa fala de Deus em nossa vida? Às vezes é mais fácil perceber como Deus fala na vida dos outros, por exemplo, na vida dos santos. Será que Deus fala somente na vida de uns poucos?

Julgar

Ler Mc 6,1-6. Jesus chega em sua terra natal. É conhecido como carpinteiro, filho de Maria. Na celebração do sábado na sinagoga, ele está presente e explica a Palavra de Deus. Fala bem, a ponto de muitos o admirarem. Mesmo assim, as pessoas estranham. Como esse Jesus, carpinteiro, que cresceu aqui no meio de nós, que nunca estudou, pode ser tão diferente? Como pode falar tão sabiamente? Como pode fazer tantos sinais? Será possível que Deus age nele? Não é possível. O povo estranha a força de Deus numa pessoa tão conhecida. Ele não é fariseu nem doutor da lei!

Jesus confirma: é difícil o profeta, homem de Deus, ser aceito e respeitado num ambiente onde todos o conhecem. Parece ser difícil aceitar que Deus age nas pessoas!

Agir

Olhe para traz e reveja as fases de sua vida; tente ver quando Deus se manifestou e o que falou. Daqui para a frente procure "andar escutando", para perceber melhor o que Deus está falando nos acontecimentos de nossa vida e por meio de outras pessoas com que convivemos.

C E L E B R A R

Bênção do envio[1]

RICA 119: Quem coordena o encontro estende as mãos em direção aos candidatos (colocam-se de joelhos). Ao terminar, os catequizandos aproximam-se de quem preside e este impõe as mãos a cada um.

Oremos.
Senhor, nosso Deus, que revelais a verdadeira vida,
destruís o pecado e fortaleceis a fé,
dais impulso à esperança e ardor à caridade,
nós vos rogamos em nome de vosso Filho amado,
nosso Senhor Jesus Cristo,
e pelo poder do Espírito Santo:
Afastai estes vossos servos e servas
da incredulidade e da dúvida,
da cobiça do dinheiro e da sedução das paixões,
das inimizades e discórdias e de qualquer forma do mal.
E porque os chamastes para serem santos
e irrepreensíveis diante de vós,
renovai-os no espírito de fé e piedade,
paciência e pureza, caridade e paz.
Por Cristo, nosso Senhor.
Todos: Amém.

Para casa: Reler Mc 6,1-6. Ler Mc 6,14-29.

---

[1] No final do encontro, o grupo coloca-se em atitude de oração. Recomenda-se cantar ao Espírito Santo. cf. *RICA*, n. 114, p. 184.

24º encontro

Banquete de morte

Ver

Você já notou como uma opção puxa outra? Numa opção para o mal também acontece isso. Quero fazer algo que sei que não é bom, e depois percebo que isso traz conseqüências ruins. Acabo fazendo outras coisas ruins para realizar o que planejei.

Vocês se lembram de alguma coisa assim em sua vida? Por exemplo, quero me tornar rico. E assim, faço coisas condenáveis para conseguir ser rico.

Julgar

Ler Mc 6,14-29. Muitas vezes uma refeição rica e exuberante, um banquete, é usada para festejar algum fato ou para estreitar laços.

Mc 6,14-16 – Quem é Jesus? Há várias opiniões do povo e de Herodes. Marcos deixa transparecer que Jesus não cabe nessas tentativas de compreendê-lo.

Herodes está "vidrado" em Herodíades, a mulher de seu irmão. João Batista diz publicamente que não lhe é permitido ficar com a mulher do irmão. Instigado por ela, Herodes prende João.

Na festa, no banquete dos grandes, para a elite, Herodes faz um juramento. Promete atender ao pedido da filha de Herodíades, que havia agradado as pessoas com sua dança. Aconselhada pela mãe, ela pede a cabeça de João Batista. Herodes se julga preso ao juramento. Quis ser o grande, o poderoso, e acabou sendo um assassino. Tudo em conseqüência da vontade de ficar com Herodíades.

Marcos nos mostra como é o código de ética dos grandes. Vale tudo, até a vida do inocente, para estar por cima, para realizar sua própria vontade. A elite, os ricos, os grandes do mundo espalham a morte, porque seu interesse é apenas servir a si mesmo.

Agir

Para ser discípulo de Jesus temos de aprender outra lógica.

Quebrar a corrente do mal. Saber mudar nossas opções. Por isso é bom se perguntar: o que mais quero na vida? Quero ser rico? Qual o valor mais importante para mim? A minha cabeça é como a dos grandes? A partir de que, ou de quem, eu avalio as coisas da vida?

C E L E B R A R

Vamos ler Mt 11,25-30 e depois em silêncio meditar e rezar a partir desse texto.

Para casa: Reler Mc 6,14-29. Ler Mc 6,30-34.

25º encontro

Banquete da vida. Jesus provoca a partilha

Ver

Todas as pessoas têm o que comer? Quem se preocupa com a comida do povo? Qual o meio mais certo para providenciar comida para todos?

Julgar

Ler Mc 6,30-34.

1. Jesus levava seus discípulos a lugares mais tranqüilos para descansar e fazer a revisão do dia.
2. O povo também sai da cidade (lugar dos líderes falsos como Herodes) e vai para o deserto atrás de Jesus.
3. Preocupação: toda essa gente sem comer, num lugar deserto. Os discípulos propõem uma solução individual: cada um deve ir ao comércio mais próximo.
4. Jesus tem nova solução: "Vocês é que têm de lhes dar de comer". Apresenta a solução mais comunitária.
5. "Sentar em grupos" sugere que o povo se organize e lute por seus direitos.
6. Apresentar o que tiver: 5 pães e 2 peixes = 5 + 2 = 7. É o número da totalidade, o suficiente (lembre que Deus criou o mundo em 7 dias). O alimento trazido pelo povo pode ser suficiente para todos.

7. Jesus olhou para o céu e abençoou os pães e peixes. As coisas usadas na vontade do Pai (bênção) darão solução para tudo. Marcos, ao dizer que Jesus abençoa e distribui o pão, faz lembrar a eucaristia. Marcos diz às comunidades e a nós: "Eucaristia deve nos levar à partilha".

8. Repartir-partilhar: é a nova maneira de se relacionar com os bens. Bens são para partilhar, não para acumular.

9. O maior milagre foi levar as pessoas a partilhar. Jesus fez banquete com os pobres, promoveu a vida.

10. Recolher os pedaços. Nada de desperdício. Respeito profundo por tudo.

Agir

Como podemos fazer gestos de partilha? Nossa turma pode partilhar alguma coisa com uma família pobre?

É preciso saber votar. Votar em pessoas e partidos que estão preocupados com os pobres.

C E L E B R A R

É colocado um pão no meio da turma. Cada um fala o que significa pão para ele.

Catequista ou participante faz uma ligação entre pão-eucaristia-partilha.

Depois, em silêncio, o pão é repartido e cada um come seu pedacinho. Momento de silêncio...

Rezar o pai-nosso de mãos dadas.

Para casa: Reler Mc 6,30-34. Ler Mc 7,1-23.

26º encontro

Jesus condena as falsas tradições

Ver

Entre nós, na sociedade, há costumes que criam barreira? Por exemplo: grupos políticos que buscam seus interesses; cestas básicas; tratamento falso. Como é uma pessoa hipócrita?

Julgar

> *Tradição*: As várias interpretações das leis, costumes que se criaram no decorrer da história. Consideram tudo como vindo diretamente de Deus.
>
> *Corbã*: Voto pelo qual a pessoa consagrava seus bens (ou parte deles) a Deus e ao templo.
>
> *Impuro*: Pessoa que, por razões externas, está impedida de contato com Deus. Por exemplo, pagão ou alguém que entrou na casa de um pagão; ou quem teve contato físico com sangue.

Ler Mc 7,1-23. Os fariseus questionam Jesus, porque seus discípulos não obedecem à tradição (por exemplo: não lavam as mãos antes de comer).

Jesus rompe com uma religião que cria barreiras para se viver a fé (por exemplo: a distinção entre puros e impuros). E isso ofendeu e prejudicou os fariseus, porque a opinião deles foi desautorizada e não recebiam mais o dinheiro da venda dos animais necessários para sacrificar, para "recompor" a pureza.

Além do mais Jesus critica a hipocrisia deles. Desobedecem à lei divina do dever de cuidar dos pais, inventando costumes para tirar proveito de voto (corbã) que destinava ao Templo o que por lei divina devia ser usado para acolher os pais.

Jesus ensina que tudo vem de Deus e, por isso, tudo é bom. Não há coisas puras e impuras. Jesus inverte as coisas: o impuro vem de dentro do coração do homem, e não de fora. Para Jesus, ser puro ou impuro está ligado ao comportamento ético. Quem desobedece à vontade do Pai se torna impuro. E mesmo assim pode alcançar o perdão. Fazer algo, mesmo como intuito religioso, mas que prejudique outra pessoa, é contra a vontade de Deus.

Jesus mostra que para alguém ser seu seguidor, seu discípulo, deve ser coerente. O que demonstrar por fora deve ser por dentro. A pessoa hipócrita quer parecer o que não é. Jesus detesta gente hipócrita.

Agir

Como mudar nossa hipocrisia e aquela que encontramos nas instituições com as quais convivemos? Como votar para acabar com os políticos hipócritas?

C E L E B R A R

Colocar uma vasilha com água. Todos passam a mão na água e no rosto, no coração, pedindo em voz alta a Deus a graça de ter um coração sincero, que busca o que é certo.

Rezar o pai-nosso de mãos dadas.

Para casa: Reler Mc 7,1-23. Ler Mc 7,24-30.

27º encontro
Jesus escuta a voz do Pai na fala de uma pagã

Ver

Para vivermos bem com as pessoas, temos de estar atentos ao modo como elas se comunicam conosco. A comunicação pode ser feita pela fala diretamente, ou por um gesto, um olhar, o silêncio. Busquemos alguns exemplos.

Julgar

> *Mulher pagã*: Opinião corrente naquele tempo era que Deus se relacionava e libertava seu povo, os judeus; os pagãos não eram alcançados pela salvação de Deus.
> *Cachorro*: Apelido que se dava aos pagãos.

Ler Mc 7,24-30. Jesus recebe um pedido de uma mulher pagã, mas se nega a realizá-lo. O pão é para as crianças (povo judeu) e não para os cachorrinhos (pagãos). Mas a resposta da mulher, motivada pelo amor à sua filha, é surpreendente. Ela não nega a comparação. Mas acha que Deus também pode cuidar dos "cachorrinhos".

Jesus escuta, na resposta da mulher, a vontade do Pai, então muda de opinião. Ele cria a consciência de que Deus quer salvar a todos. Atendeu ao pedido. Curou a filha da pagã.

Marcos nos apresenta Jesus como quem escuta o Pai no dia-a-dia, inclusive na fala de uma pagã, na qual ninguém esperava encontrar a voz de Deus.

Isso é um convite para sermos bastante sensíveis e escutarmos Deus em nossa vida, também onde menos esperamos.

Agir

Cada um lembra um acontecimento de sua própria vida, ou da comunidade, ou algo da sociedade, e procura meditar para descobrir como Deus está falando em nossa vida.

C E L E B R A R

Cada um, em forma de oração, fala o que um(a) colega da turma significa para si. Deixa transparecer o que Deus fala por meio dele ou dela, e agradece a Deus pedindo por essa pessoa.

Rezar o pai-nosso abraçados.

Para casa: Reler Mc 7,24-30. Ler Mc 8,22-26.

A fé cura nossa cegueira

28º encontro

Ver

Pensando na leitura da cura de um cego (Mc 8,22-26), discutir com a turma as situações de "cegueira": cegueira física, cegueira intelectual; não enxergar certas situações (política, religiosa, econômica, social...). Discutir como certos tipos de cegueira desaparecem ou diminuem.

Julgar

No início deste quarto bloco do Evangelho está a cura de um cego (Mc 8,22-26), o anúncio da cruz e a explicação do seu significado para a vida dos discípulos (Mc 8,27 a 9,1). A cura do cego foi difícil. Jesus teve de realizá-la em duas etapas. Igualmente difícil foi a cura da cegueira dos discípulos. Jesus teve de fazer uma longa explicação a respeito do significado da cruz para ajudá-los a enxergar, pois era a cruz que estava provocando a cegueira neles.

Nos anos 70, quando Marcos escreveu, a situação das comunidades não era fácil. Havia muito sofrimento, muitas cruzes. Seis anos antes, em 64, o imperador Nero havia decretado a primeira grande perseguição, matando muitos cristãos. Em 70, na Palestina, Jerusalém estava sendo destruída pelos romanos. Nos outros países estava começando uma tensão forte entre judeus convertidos e judeus não convertidos. A dificuldade maior era a cruz de Jesus. Os judeus achavam que um crucificado não podia ser o messias tão esperado pelo povo, pois a lei afirmava que todo crucificado devia ser considerado como um maldito de Deus (Dt 21,22-23).

Ler Mc 8,22-26. Trouxeram um cego, pedindo que Jesus o curasse. Jesus o curou, mas de um jeito diferente. Primeiro, ele o levou para fora do povoado. Em seguida, cuspiu nos olhos dele, impôs as mãos e perguntou: "Você está vendo alguma coisa?". O homem respondeu: "Vejo pessoas, parecem árvores que andam!". Enxergava só parcialmente. Trocava árvore por gente, ou gente por árvore! Foi só na segunda tentativa que Jesus curou o cego e o proibiu de entrar no povoado. Jesus não queria propaganda fácil! Essa descrição da cura do cego é uma introdução a todo este bloco, pois, na realidade, o cego era Pedro. Ele aceitava Jesus como messias, porém só como messias glorioso. Enxergava só em parte! Não queria o compromisso da cruz! Como veremos, será também em várias tentativas que Jesus vai curar a cegueira dos discípulos.

As pessoas têm a esperança em Jesus. Ele quer saúde, vida plena para todos, tanto para o corpo como para a mente. A luz dos olhos é importante para poder viver, igualmente a luz do entendimento correto das coisas é importante para ser gente livre.

Jesus cura. Com Jesus a gente começa a enxergar as coisas como são de fato, a entendê-las com os olhos de Deus. O sentido verdadeiro das coisas vai clareando com a presença de Jesus em nossa vida. A fé em Jesus é como a luz. Com ele temos uma avaliação melhor dos acontecimentos (da política, do salário mínimo, da violência, da fome etc.).

O cego foi curado em duas etapas: a luz da fé nos é dada em processo. Na medida em que entendemos melhor Jesus e sua proposta, na medida em que estamos mais profundamente ligados e unidos a ele, a luz vai ficando mais intensa. Enxergamos com mais nitidez.

Qual é a nossa cegueira? E a cegueira do povo?

> Na mentalidade da época, a cegueira era conseqüência do pecado pessoal ou dos pais. Jesus não cura apenas por curar, há algo mais que é simbolizado pelo milagre: nos textos seguintes, Jesus tenta curar a cegueira de Pedro. Depois coloca as condições para poder segui-lo.

Agir

Pesquisar a cegueira física (de dois em dois) no bairro (rua) e detectar: o número de cegos curados através de cirurgia; os que poderiam ser curados, mas que continuam cegos. Pesquisar também as iniciativas de combate à cegueira não-física.

CELEBRAR

Rito do "Éfeta"

200. Este rito, por seu próprio simbolismo, sugere a necessidade da graça para se ouvir e professar a Palavra de Deus a fim de se alcançar a salvação.

194. A celebração se inicia de modo habitual, com o sinal-da-cruz e a saudação de quem preside. Segue a oração:

Oremos.

Pai amado e Todo-Poderoso, vós quereis restaurar todas as coisas em Cristo e atraís toda a humanidade para ele. Guiai estes catecúmenos e os que vão completar a iniciação e concedei que, fiéis à sua vocação, possam integrar-se e participar plenamente no reino de vosso Filho e ser assinalados com o Espírito Santo, o vosso dom. Por Cristo, nosso Senhor.

Todos: Amém.

201. Depois de um canto apropriado, lê-se Mc 7,31-37, que será brevemente explicado por quem preside.

202. A seguir, quem preside, tocando com o polegar os ouvidos e os lábios de cada eleito, diz:

Éfeta, isto é, abre-te, a fim de proclamares o que ouviste para louvor e glória de Deus.

Em seguida, pode haver preces espontâneas do grupo, a oração do pai-nosso, e quem preside dá a bênção final.

Para casa: Reler Mc 8,22-26. Ler Mc 8,27-38.

29º encontro

Seguir o Messias, até na cruz

Ver

Descobrir com a turma quanto custa perseguir um ideal. Quanto sofrimento existe quando se quer levar adiante uma boa obra, quando alguém entra na contramão por causa do bem. Apontar experiências dessa natureza vividas pessoalmente.

Julgar

João Batista: Precursor de Jesus; profeta que anuncia a presença do Messias.

Elias: Profeta do Antigo Testamento; o povo acredita que ele iria voltar para anunciar a vinda do Messias.

Messias: Em hebraico, "ungido", o Salvador prometido; aquele que em nome de Deus vem realizar a libertação.

Filho do Homem: Um dos nomes para indicar o Messias.

Cruz: A morte vergonhosa de cruz era reservada a criminosos e subversivos.

Ler Mc 8,27-38.

1. Reler o texto: narrador, Jesus, discípulo, Pedro.

2. Realçar pontos importantes: visão do povo a respeito do Messias; a recepção dos apóstolos na voz de Pedro; Jesus revelando seu destino; a reação de Pedro e a resposta de Jesus; as exigências do seguimento.

Mc 8,27-30 – Levantamento da realidade. Jesus perguntou: "Quem diz o povo que eu sou?". Eles responderam relatando as várias opiniões do povo: "João Batista", "Elias ou um dos profetas". Depois de ouvir as opiniões dos outros, Jesus perguntou: "E vocês, quem dizem que eu sou?". Pedro respondeu: "O Senhor é o Cristo, o Messias!". Isto é, aquele que o povo está esperando! Jesus concordou com Pedro, mas proibiu de falar sobre isso ao povo. Por que Jesus proibiu? Todos esperavam a vinda do Messias, mas cada um do seu jeito: uns como rei, outros como sacerdote, doutor, guerreiro, juiz, ou profeta! Ninguém parecia estar esperando o Messias Servidor, anunciado por Isaías (Is 42,1-9).

Mc 8,31-33 – Esclarecendo a situação: primeiro anúncio da paixão. Jesus começa a ensinar que ele é o Messias Servidor anunciado por Isaías e afirma que, como tal, será preso e morto no exercício da sua missão de justiça (Is 49,4-9; 53,1-12). Pedro leva um susto, chama Jesus de lado para desaconselhá-lo. E Jesus responde a Pedro: "Vá embora, Satanás! Você não pensa as coisas de Deus, mas as dos homens!". Pedro pensava ter dado a resposta certa. De fato, ele disse a palavra certa: "Tu és o Cristo!". Mas não lhe deu o sentido certo. Pedro não entendeu Jesus. Era como o cego de Betsaida. Trocava gente por árvore! A resposta de Jesus foi duríssima: "Vá embora, Satanás!". Satanás é uma palavra hebraica que significa acusador, aquele que afasta os outros do caminho de Deus. Jesus não permite que alguém o afaste da sua missão.

Mc 8,34-37 – Condições para seguir. Jesus tira as conclusões que valem até hoje: Quem quiser vir após mim tome sua cruz e siga-me! Naquele tempo, a cruz era a pena de morte que o Império Romano impunha aos marginais. Tomar a cruz e carregá-la atrás de Jesus era o mesmo que aceitar ser marginalizado pelo sistema que legitimava a injustiça. A cruz não é fatalismo, nem exigência do Pai. A cruz surge como conseqüência do compromisso livremente assumido por Jesus de revelar a Boa-Nova de que Deus é Pai de todos e todas que devem, portanto, ser aceitos e tratados como irmãos e irmãs. Por causa desse anúncio revolucionário, ele foi perseguido e não teve medo de dar a sua vida. Prova de amor maior não há que doar a vida pelo irmão.

Jesus fez sinais. O povo gostou e se entusiasmou. Mas não entendeu tudo o que Jesus pretendia. Os discípulos afirmam:

Jesus é o Messias. Aquele que da parte de Deus irá restabelecer o Reino: o mundo plenamente humano, onde tudo e todos obedecerão à vontade do Pai.

O Messias acabará com as injustiças, a opressão do povo, a dominação pelos romanos. Eles esperam um Messias forte e triunfante, que de uma só vez acabasse com toda opressão.

Jesus prepara seus discípulos. Não vai ser o Messias imponente. A resistência contra seu projeto vai crescer. Em sua fidelidade ao projeto do Pai terá de enfrentar a morte na cruz.

Podemos imaginar Jesus dizendo: Se vocês querem ser meus discípulos, vai acontecer a mesma coisa com vocês. Se forem fiéis ao projeto do Pai, os privilegiados, os poderosos do mundo, não aceitarão e colocarão todo tipo de resistência. Vocês vão sofrer por causa da fidelidade ao Pai. Se eu passei pela cruz, vocês também passarão por ela.

Para sermos discípulos há três condições: renunciar a si mesmo (às ambições e às vantagens particulares); tomar a cruz (aceitar e enfrentar as resistências contra as propostas de Jesus); seguir Jesus (fazer o mesmo caminho dele; vigora a promessa: se for discípulo fiel até na cruz, encontrará a ressurreição aqui e depois).

Agir

Descobrir pessoas e/ou instituições que lutam pelo bem dos irmãos. Enfrentar algum desafio para que o bem aconteça (família, trabalho, escola, agremiação, igreja, sociedade...).

C E L E B R A R

Contemplar em silêncio um crucifixo. Orações espontâneas. "Oração de são Francisco" (rezada ou cantada).

Para casa: Reler Mc 8,27-38. Ler Mc 9,2-13.

30º encontro

Jesus se transfigura

Ver

Às vezes, na família ou na comunidade, há um momento em que tudo está dando certo. É uma alegria para todos. Reforça a idéia de que a vida deveria ser sempre assim. Converse...

Julgar

> *Elias*: um dos grandes homens do Antigo Testamento; representa o profetismo.
> *Moisés*: o grande líder do êxodo; representa a lei.

Ler Mc 9,2-13. Jesus, com três discípulos mais próximos, sobe a montanha. Lugar que lembra o encontro com Deus.

Jesus se transfigura: ficou radiando luz, uma experiência muito agradável de algo que traz paz e felicidade. Jesus, ao conversar com Moisés e Elias, sugere que a caminhada do Antigo Testamento se realiza plenamente nele. O Elias que devia voltar é João Batista que sofreu a morte violenta.

A voz do Pai: "Este é meu filho amado", cita o poema do Servo de Javé, aquele que pelo sofrimento vai alcançar a salvação do povo. "Escutem o que ele diz". Jesus é a palavra definitiva de Deus, expressa a sua vontade.

É uma antecipação da ressurreição. Pedro e os outros não entenderam. Em tudo isso Jesus diz que o sofrimento, a cruz, é o caminho para a glória, para a salvação, para a ressurreição.

Nós, discípulos de Jesus, podemos esperar: sofrimento e cruz que nos levam à glória. Você topa? E olhando bem já temos lampejos de glória, de alegria, de realização, de ressurreição agora, mesmo no meio de muito sofrimento.

Agir

Conversar para descobrir os sinais da ressurreição em nossa vida pessoal, na comunidade e na sociedade.

Como está nossa disposição para contribuir para que estes sinais de plenitude possam ser mais freqüentes? Eu arrisco sofrer para que as coisas aconteçam? Como?

Aceito que minha ligação a Jesus, pelo batismo, é justamente para irradiar o novo e o bem?

C E L E B R A R

Acende-se um círio, as pessoas se colocam ao redor em semicírculo. Comenta-se o significado da luz na vida de cada um. Quem é esta luz? Quando ela falta temos as trevas? De que forma a luz de Cristo resplandece em nós. Em nossa sociedade, onde encontramos luz para nos guiar? Cada um reza sobre a luz de Deus presente em nossa vida e na sociedade.

No final, alguém faça uma oração final agradecendo todas as coisas boas e positivas que vimos hoje.

Para casa: Reler Mc 9,2-13. Ler Mc 9,30-37.

31º encontro

É grande quem serve, e serve aos pequenos

Ver

Observando a sociedade: Quem são os considerados "grandes" e quem é taxado de "pequeno"?. Onde nós estamos situados? Qual é o tratamento dispensado a cada uma das "categorias"?

Julgar

Criança: Não era ainda considerada gente; não gozava de prestígio na sociedade daquela época.

Ler Mc 9,30-37. O que foi lido no trecho anterior? Qual é a novidade neste trecho? Estamos longe ou perto dos considerados "grandes" ou "pequenos"?

Mc 9,30-32 – O anúncio da cruz. Jesus caminha através da Galiléia, mas não quer que o povo saiba disso, pois está ocupado com a formação dos discípulos e discípulas e conversa com eles sobre a cruz. Ele diz que, conforme a profecia de Isaías (53,1-10), o Filho do Homem deve ser entregue e morto. Isto mostra como Jesus se orientava pela Bíblia, na formação dos discípulos. Ele tirava o seu ensinamento das profecias. Os discípulos o escutavam, mas não entendiam a palavra sobre a cruz. Mesmo assim, não pedem esclarecimento. Eles têm medo de deixar transparecer sua ignorância!

Mc 9,33-34 – A mentalidade de competição. Chegando a casa, Jesus pergunta sobre o que estavam discutindo no caminho. Mas eles não respondem. É o silêncio de quem se sente culpado, pois pelo caminho discutiam sobre qual deles era o maior. Jesus é bom formador. A mentalidade de competição e de prestígio que caracterizava a sociedade do Império Romano já se infiltrava na pequena comunidade que estava apenas começando! Aqui aparece o contraste! Enquanto Jesus se preocupa em ser o Messias Servidor, eles só pensam em ser o maior. Jesus procura descer. Eles querem subir.

Mc 9,35-37 – Servir, em vez de mandar. A resposta de Jesus é um resumo do testemunho de vida que ele mesmo vinha dando desde o começo: Quem quer ser o primeiro seja o último de todos, o servidor de todos! Pois o último não ganha nada. É um servo inútil (cf. Lc 17,10). O poder deve ser usado não para subir e dominar, e sim para descer e servir. Este é o ponto em que Jesus mais insistiu e em que mais deu o próprio testemunho (cf. Mc 10,45; Mt 20,28; Jo 13,1-16).

Em seguida, Jesus coloca uma criança no meio deles. Uma pessoa que só pensa em subir e dominar não daria tão grande atenção aos pequenos e às crianças. Mas Jesus inverte tudo! Ele diz: "Quem receber uma destas crianças em meu nome é a mim que recebe. Quem recebe a mim recebe aquele que me enviou!". Ele se identifica com as crianças. Quem acolhe os pequenos em nome de Jesus acolhe o próprio Deus.

Jesus preparava os apóstolos para poder aceitar a cruz, paixão e morte. Os discípulos não entendiam. Na cabeça deles, Jesus ia libertar o povo da opressão; ia triunfar tornando-se rei. E nós? Como vamos ficar? Quem de nós será o mais importante nesse Reino?

Jesus dá as respostas. No Reino as coisas serão diferentes: "grande", o mais importante, é aquele que serve sem segundas intenções, sem interesses próprios e a quem não lhe poderá retribuir: os indefesos, os pequenos e os fracos. Ser grande por causa do cargo, do mando, do poder, da ganância, do dinheiro... é falso para Jesus.

Agir

Mesmo sabendo que a cruz estará no caminho, vamos apoiar algum serviço em benefício dos "pequenos" aos olhos da sociedade estabelecida: crianças abandonadas, idosos desamparados, aidéticos, alcoólicos, dependentes químicos, mães solteiras, analfabetos...

CELEBRAR

Bênção do envio[1]

RICA 119: Quem coordena o encontro estende as mãos em direção aos candidatos (colocam-se de joelhos). Ao terminar, os catequizandos aproximam-se de quem preside e este impõe as mãos a cada um.

Oremos.

Ó Deus, Senhor do universo, que, por vosso Filho unigênito, derrubastes o demônio e, rompendo suas cadeias, libertastes os homens e as mulheres cativos, nós vos damos graças pelos catecúmenos que chamastes; confirmai-os na fé, a fim de vos conhecerem, único Deus verdadeiro, e Jesus Cristo, que enviastes; conservem a pureza do coração e cresçam em virtude para serem dignos das águas do batismo e dos sacramentos da confirmação e da eucaristia. Por Cristo, nosso Senhor.

Todos: Amém.

Para casa: Reler Mc 9,30-37. Ler Mc 10,1-12.

---

[1] No final do encontro, o grupo coloca-se em atitude de oração. Recomenda-se cantar ao Espírito Santo. Cf. *RICA*, n. 118, p. 184.

32º encontro
A dignidade do matrimônio

Ver

O assunto é casamento, matrimônio, vida a dois, família... Quem é casado? Por que se casou? Qual era a idéia de matrimônio antes de se casar? E agora, o que mudou? O que se constata hoje em relação ao casamento? Motivos: Paixão? Segurança? Interesse? Amor? Filhos? Sexo? E quanto à fidelidade? Durabilidade? Responsabilidade? Preparação?

Julgar

> *Adultério*: Infidelidade no casamento.
>
> *Jesus indo para o território da Judéia*: Rumo a Jerusalém, onde será o desfecho da missão.

Ler Mc 10,1-12. Qual é situação da mulher que transparece no texto? Como Jesus quer o relacionamento homem-mulher?

O povo sentiu que Jesus veio colocar as coisas nos seus devidos lugares. O povo tinha confiança em Jesus. Os fariseus vieram para confundir o povo. Indispor o povo com Jesus. Por isso abordam um assunto difícil: o casamento.

No Antigo Testamento a vivência do casamento dentro da proposta de Deus era muito difícil. Moisés tentou regular essas fraquezas, protegendo a parte mais fraca: a mulher. Era obrigado a dar carta de divórcio à mulher (Dt 24,1-3), dificultando a arbitrariedade machista. Assim ela, com a carta de divórcio, estava livre e mantinha sua dignidade.

Jesus vai mais longe. Foi por causa da fraqueza do povo que Moisés mandou assim. A proposta original de Deus é outra: o sentido original, mais profundo, do casamento é o amor, e amor fiel. Casamento é *aliança* de amor, reflexo do amor fiel de Deus para com seu povo. Por isso essa união é chamada a ser inseparável (*indissolúvel*), porque Deus, no seu amor, nunca volta atrás. "O que Deus uniu o homem não separa!"

Este amor inclui: servir um ao outro, sofrer pelo outro se for necessário, perdoar-se mutuamente; um relacionamento amoroso gratuito, sem pedir nada em troca. Um amor assim fica para sempre: "Os dois serão uma só carne", um conjunto só, uma só existência. A responsabilidade do homem e da mulher é igual.

Casamento assim é a proposta do Pai, de Deus Criador, é o ideal. Se não conseguiu até agora, tente viver esses valores a partir da sua união atual.

Mc 10,1-2 – A pergunta dos fariseus: "O marido pode mandar a mulher embora?". A pergunta é maliciosa. Ela pretende colocar Jesus à prova: "É lícito um marido repudiar sua mulher?". Sinal de que Jesus tinha uma opinião diferente, pois do contrário os fariseus não iriam interrogá-lo sobre esse assunto. Não perguntam se é lícito à esposa repudiar o marido. Isso nem passa pela cabeça deles. Sinal claro da forte dominação masculina e da marginalização da mulher.

Mc 10,3-9 – A resposta de Jesus: o homem não pode repudiar a mulher. Em vez de responder, Jesus pergunta: "O que diz a lei de Moisés?". A lei permitia ao homem escrever uma carta de divórcio e repudiar sua mulher. Esta permissão revela o machismo. O homem podia repudiar a mulher, mas ela não tinha esse mesmo direito. Jesus explica que Moisés agiu assim por causa da dureza de coração do povo, porém a intenção de Deus era outra quando criou o ser humano. Jesus volta ao projeto do Criador e nega ao homem o direito de repudiar sua mulher. Tira o privilégio do homem frente à mulher e pede o máximo de igualdade.

Mc 10,10-12 – Igualdade de homem e mulher. Em casa, os discípulos fazem perguntas sobre esse assunto. Jesus tira as conclusões e reafirma a igualdade de direitos e deveres entre homem e mulher. Ele propõe um novo tipo de relacionamento entre os dois. Não permite o casamento em que o homem pode mandar a mulher embora, nem vice-versa.

O evangelho de Mateus (cf. Mt 19,10-12) acrescenta uma pergunta dos discípulos sobre esse assunto. Eles dizem: "Se a gente não pode dar uma carta de divórcio, é melhor não casar". Preferem não casar a perder o privilégio de poder continuar mandando na mulher. Jesus vai até o fundo da questão. Há somente três casos em que ele permite que uma pessoa não case: (1) impotência, (2) castração e (3) por causa do Reino. Não casar só porque fulano se recusa a perder o domínio sobre a mulher, isto a Nova Lei do Amor já não permite! Tanto o casamento como o celibato, ambos devem estar a serviço do Reino e não a serviço de interesses egoístas. Nenhum dos dois pode ser motivo para manter o domínio machista do homem sobre a mulher.

Agir

1. Levar a sério a vida a dois no matrimônio.
2. Para os solteiros: procurar informações quanto à preparação do casamento.
3. Para os casados: caprichar nos valores que Jesus nos apresenta: serviço, doação, sofrer pelo amado, perdão...
4. Para todos: não ter medo de criar relacionamentos com gratuidade, colocando-nos a serviço de outros sem segundas intenções.

C E L E B R A R

Oração de libertação[1]

RICA 119: Quem coordena o encontro estende as mãos em direção aos candidatos (colocam-se de joelhos). Ao terminar, os catequizandos aproximam-se de quem preside e este impõe as mãos a cada um.

---

[1] *RICA*, p. 186.

Oremos.[2]

Senhor Deus Todo-Poderoso, olhai os vossos servos e servas que são formados segundo o Evangelho de Cristo: fazei que vos conheçam e amem e, generosos e prontos, cumpram a vossa vontade. Dignai-vos prepará-los por esta santa iniciação, incorporai os catecúmenos à vossa Igreja e fortalecei os que esperam o dom do vosso Espírito para que participem dos vossos mistérios neste mundo e na eternidade. Por Cristo, nosso Senhor.

Todos: Amém.

Para casa: Reler Mc 10,1-12. Ler Mc 10,13-16.

---

[2] N. 123, p. 186.

33º encontro

Jesus e as crianças

Ver

Quais pessoas, hoje, são "repreendidas" ou marginalizadas? Por que acontece isso? O que isto significa para as pessoas? Por exemplo, os sem-terra do MST, a empregada doméstica.

Julgar

Ler Mc 10,13-16. Na época de Jesus uma criança não tinha nenhum valor. Mães e crianças pequenas também eram impuras. Somente o menino, a partir de 12 anos, começava a ter um lugar na sociedade.

Os apóstolos achavam que Jesus não podia empatar seu tempo precioso com gente de menos valor (mãe e criancinha). Mas Jesus pensa diferente. Jesus vê na criança todas as pessoas marginalizadas. E também vê na situação da criança algo muito próprio de todo ser humano:

1. Criança recebe tudo dos pais. Ela vive na gratuidade total: sem merecer ganha tudo dos pais.

2. Os pais recebem a criança como o dom de Deus. Cuidam dela com todo o carinho. Só querem ver a criança se realizando e sendo feliz.

Para Jesus, todos os marginalizados têm seu lugar no Reino de Deus e todas as pessoas vivem nessa gratuidade, porque receberam tudo de Deus.

Temos de receber esse jeito de viver da criança para poder fazer parte do Reino, onde a gratuidade do Pai possibilita tudo.

Agir

Rever nossa atitude e opinião diante de certos grupos de pessoas marginalizadas. Saber que, diante do Pai, ninguém fica de fora, e que fundamentalmente estamos todos na mesma situação. Existimos pela gratuidade do Pai. Podemos visitar algum grupo, ou pessoa marginalizada (sem-terra, presos, abrigos de crianças e de adolescentes)!

C E L E B R A R

Oração[1]

RICA 119: Quem coordena o encontro estende as mãos em direção aos candidatos (colocam-se de joelhos). Ao terminar, os catequizandos aproximam-se de quem preside e este impõe as mãos a cada um.

Oremos.
Deus, que ordenastes por vossos santos profetas
aos que se aproximam de vós: "Lavai-vos e purificai-vos",
e constituístes por Cristo o novo nascimento espiritual,
olhai estes vossos servos,
que se dispõem com fervor para o batismo:
abençoai-os e, fiel às vossas promessas,
preparai-os e santificai-os
para serem dignos de vossos dons
e assim receberem a adoção de filhos
e se incorporarem à vossa Igreja.
Por Cristo, nosso Senhor.
Todos: Amém.

Para casa: Reler Mc 10,13-16. Ler Mc 10,17-31.

---
[1] *RICA*, n. 122, p. 186.

34º encontro

Reino é dom e partilha, perigo nas riquezas

Ver

Você quer ser feliz? E como a felicidade pode ser alcançada? Os ricos são felizes? Podemos obter a felicidade como a gente obtém outras coisas? E muito dinheiro garante a felicidade?

Julgar

Ler Mc 10,17-31. Jesus saiu de novo a caminhar. É o caminho a Jerusalém, onde será morto.

Em Mc 10,17-19, um rico pergunta: "Bom mestre, o que devo fazer para herdar a vida eterna?". Queria fazer parte da vida anunciada por Jesus, do seu Reino. O rico diz: "Bom mestre" e Jesus diz: "Ninguém é bom", somente "Deus". Jesus desvia logo a atenção para a vontade de Deus. Isto é central. Depois Jesus fala dos mandamentos, e lembra aqueles que falam de nosso relacionamento com o próximo. A intenção é clara: se quiser estar bem com Deus, esteja bem com o próximo.

Mc 10,20 – O rico obedece aos mandamentos, mas parece não entender que deveria se aproximar de Deus. Assim como o católico que não sabe para que serve ser católico! (Apenas, coisa de costume).

Mc 10,21-22 – Observar os mandamentos ainda é o primeiro degrau de uma escada que vai mais longe e mais alto. Outro degrau é partilhar os bens com os pobres.

A nova sociedade (o Reino) acontecerá quando você partilhar a sua vida. Quando se dedicar a cuidar dos outros. O rico (provavelmente latifundiário) colocava sua segurança nos seus bens, achando que eram a bênção de Deus, em compensação de sua observância dos mandamentos.

Mc 10,23-27 – Jesus constata como é difícil para um rico desprender-se de seus bens e confiar na graça de Deus. Jesus diz que quem arrisca, quem vive a partilha, quem busca a segurança na fraternidade, este vai experimentar o novo "que eu venho trazer".

Agir

Fazer parte de algum movimento, uma luta que vise somente ao bem dos outros: por exemplo, mutirão, contribuir com o dízimo, lutar por um direito.

CELEBRAR

Dramatizar o texto de Mc 10,17-27 traduzindo para a nossa realidade. Terminar com preces espontâneas.

Oração[1]

RICA 119: Quem coordena o encontro estende as mãos em direção aos candidatos (colocam-se de joelhos). Ao terminar, os catequizandos aproximam-se de quem preside e este impõe as mãos a cada um.

Oremos.
Ó Deus, criador e redentor de vosso povo santo,
que em vosso amor atraístes estes catecúmenos,
lançai hoje sobre eles o vosso olhar
e, purificando seus corações,
realizai neles vosso plano de salvação,
para que, seguindo fielmente o Cristo,
possam haurir das fontes do Salvador.
Por Cristo, nosso Senhor.
Todos: Amém.
Rezar o pai-nosso.

Para casa: Reler Mc 10,17-31. Ler Mc 10,32-45.

---

[1] *RICA*, n. 124.

35º encontro
Jesus veio para servir

Ver

Como nossas autoridades exercem o poder? Para seu próprio interesse ou para servir? Por quê? Mesmo o pai de família (ou mãe) apenas quer servir a sua família? Sempre?

Julgar

Ler Mc 10,32-45. A caminho de Jerusalém (onde vai ser morto), Jesus prepara seus discípulos para o que vai acontecer, e para a vida.

Jesus sabia que a resistência contra ele, e a tudo o que falava e fazia, estava aumentando. Já havia boato de que Jesus seria preso e morto.

Jesus assume os riscos de sua missão. Não recuava. E agora prepara seus discípulos. Estes não estão entendendo as coisas. Ainda acreditam no "poder" do Messias, por isso, Jesus vai se impor com todo seu poder divino. Mas acontece que Jesus tem outra missão: ser manifestação de Deus que se revela na fraqueza, na morte, no humilde serviço aos outros.

Tiago e João mostram bem como estão pensando, querem assegurar um lugar de honra, de destaque, de poder ao lado de Jesus. Entendem as coisas de modo bem diferente. Acham que Deus tudo pode, que sempre está por cima. Jesus está acostumado com o Deus que se manifesta no fracasso, e ainda no fracasso da morte na cruz. Para os discípulos isto era difícil de entender. Por isso, Jesus fala do batismo. Significa que vocês vão experimentar essas coisas.

No fim da conversa Jesus tira a grande conclusão: "Eu, o Messias, não vim para ser servido, vim para servir. E assim deve ser entre vocês que são os meus discípulos: vocês existem para servir. Somos católicos para servir; nossa fé em Jesus deve nos levar a servir em todas as circunstâncias da vida". E ainda Jesus acrescenta: "Não se espelham nos governantes, nas autoridades civis".

Agir

Como é esse jeito de Jesus em minha vida? Eu aceito, de verdade, um Deus pequeno, fracassado na cruz? Ou busco um Deus Todo-Poderoso para resolver todos os meus problemas? Entendo a minha vida de cristão como um serviço? Em todas as funções que desempenho na família, na sociedade e na comunidade, vivo para servir? Sem tirar nenhum proveito próprio?

C E L E B R A R

Oração[1]

RICA 119: Quem coordena o encontro estende as mãos em direção aos candidatos (colocam-se de joelhos). Ao terminar, os catequizandos aproximam-se de quem preside e este impõe as mãos a cada um.

Oremos.
Deus, que sondais os corações e recompensais nossas obras,
olhai os esforços e progressos de vossos servos e servas.
Consolidai seus propósitos,
aumentai sua fé, aceitai sua penitência
e, manifestando-lhes vossa justiça e bondade,
concedei-lhes participar na terra de vossos sacramentos
e gozar de vosso convívio por toda a eternidade.
Por Cristo, nosso Senhor.
Todos: Amém.

Para casa: Reler Mc 10,32-45. Ler Mc 11,1-11.

---

[1] *RICA*, n. 118.

A entrada do rei-Messias em Jerusalém

36º encontro

Ver

O que espero de Jesus? Deus existe para resolver meus problemas? Às vezes o povo joga na loteria, para com mais facilidade alcançar a felicidade. Às vezes, procuramos amizade com os grandes, os ricos (na política), para ver se conseguiremos vantagens para nós. Será que na religião a gente faz a mesma coisa?

Julgar

Ler Mc 11,1-11. Jesus está indo, com seus discípulos, para Jerusalém, sabendo que haverá um desfecho pesado. O povo quer forçar uma manifestação definitiva de Jesus. Quer provas de que ele é mesmo o Messias, a favor deles, libertando-os de todo o sofrimento e acabando com a opressão. Mas o Sinédrio, o grande conselho, quer também uma oportunidade para acabar com este subversivo, pois com a sua morte retornaria a tranqüilidade na cidade.

Jesus atende à expectativa do Messias triunfante e forte, prepara-se em Betânia, um pouco fora de Jerusalém. Apresenta-se sentado num jumentinho, animal de carga e de transporte dos pobres (os romanos usavam cavalos altos). Assim Jesus fez sua entrada solene em Jerusalém, o centro do poder econômico, político e religioso.

O povo acolheu Jesus desse jeito. Jesus propõe, assim, claramente uma compreensão nova de Messias. Ele é Messias não violento, não defende privilégios, mas traz uma proposta de convivência, de respeito, de justiça, de igualdade, de fraternidade, de serviço desinteressado. Jesus é Rei sim, mas de um modo totalmente diferente.

Acolher Jesus como Rei-Messias desse jeito é aceitar a força libertadora dos pequenos gestos, da solidariedade, de estar a serviço dos outros, de lutar contra qualquer violência e posicionar-se sempre em favor da vida. Dessa forma, as soluções não vêm dos poderosos, e sim dos pequenos.

No Domingo de Ramos celebramos este acontecimento.

Agir

Como esse jeito de Jesus nos orienta em nossa vida? No mundo político, optamos pelos partidos que defendem os "pequenos"? Ajudamos a associação do bairro, ou associação de pequenos produtores, sem apoio da prefeitura?

Sabemos lutar com os meios de gente "pequena", dar valor às pessoas que servem à comunidade ou à sociedade com pequenas coisas?

C E L E B R A R

Reler Mc 11,1-11, repetindo alguma frase que chamou atenção, comentando, refletindo, rezando. Rezar o Salmo 72(71),1-8

Para casa: Reler Mc 11,1-11. Ler Mc 12,1-12.

37º encontro

O motivo da paixão de Jesus

Ver

Há gente que evita o conflito a qualquer custo. É capaz de não ser coerente, para não brigar. Resistir a alguém, discordar publicamente seria o pior pecado. E dizem que nossa fé exige isso. Somos católicos, gente "boa paz".

Julgar

Ler Mc 12,1-12. Jesus colocou-se a caminho para Jerusalém, sabendo o que lhe esperava. Havia o perigo da parte do Sinédrio. Os sumo sacerdotes, os doutores da lei e os anciãos não gostavam, nem um pouco, do que ele falava e fazia, queriam impedir sua ação.

Agora, no Templo, Jesus conta uma parábola para clarear bem a situação. A vinha é o povo. Os agricultores são os dirigentes (grande conselho); os empregados são os profetas, e o filho do dono é Jesus.

Na parábola Jesus critica os dirigentes que não cuidavam do povo, e que maltratavam os empregados, os profetas, e no final matariam o filho de Deus, Jesus. Os dirigentes vão perder seu lugar. Outros (as comunidades cristãs) vão assumir seu lugar.

Com esta parábola Jesus enfrenta diretamente seus opositores. Para Jesus é o projeto do Pai que vai por cima de tudo. Jesus não foge do conflito.

Os chefes entenderam bem que Jesus falava deles. Eles querem matar Jesus, mas não querem se queimar diante do povo. Então procuram uma oportunidade para confundir o povo.

Agir

Será que em nossa vida (pessoal, familiar, social) existe algum conflito ligado à nossa fé? Será que nossa fidelidade a Jesus e ao projeto do Pai nos opõe diante de outras pessoas ou grupos? Como podemos e devemos reagir?

C E L E B R A R

Vamos nos lembrar dos "mártires" de hoje: Chico Mendes, pe. Josimo, Margarida Alves... Por que sofreram e foram mortos? Como eles enfrentaram os conflitos por causa da fé? Rezamos por eles agradecendo a Deus por seu exemplo de vida, e pedimos força para segui-los.

Para casa: Reler Mc 12,1-12. Ler Mc 12,28-34.

38º encontro

O mandamento do amor

Ver

Há muitas coisas importantes na vida: saber trabalhar, ter saúde, viver bem com a família, rezar, respeitar a Deus, e tantas outras coisas. O que é mais importante de tudo isso?

Julgar

Ler Mc 12,28-34. Jesus está em Jerusalém, centro do poder legislativo. Lá se ensinavam as leis de Deus e as muitas leis que ajudavam a observar a lei de Deus. Uns diziam que tudo era importante, porque vinha de Deus, enquanto outros pensavam diferente.

Veio um doutor da lei perguntar a Jesus qual era o principal mandamento. Jesus responde com um texto da catequese dos judeus: "Ouve, ó Israel. O Senhor é nosso Deus e único Senhor. Amar a Deus é o primeiro mandamento". Mas Jesus acrescenta algo novo. "O segundo é: Amar a seu próximo como a si mesmo. Não existe mandamento mais importante que estes dois".

A novidade de Jesus é colocar os dois mandamentos juntos. Os outros mandamentos, o resto da vida, de tudo o que fazemos, depende da observância destes dois.

Amar a Deus e amar ao próximo são os dois lados da mesma moeda. Um não pode existir sem o outro. A partir destes dois podemos e devemos avaliar todo o resto. Tudo terá valor enquanto encara o amor a Deus e ao próximo.

O amor a Deus não existe separadamente; somente se realiza no amor ao próximo. Por isso, Jesus diz ao doutor da lei: "Você não está longe do Reino". O Reino surgirá criando fraternidade, respeito mútuo, serviço, solidariedade.

Agir

Como, concretamente, podemos amar a Deus e ao próximo?

Fazendo tudo, desinteressadamente, para servir aos outros. Por exemplo, na política (papa Paulo VI chamou a política de a maior expressão de amor ao próximo); trabalhar para servir (profissão de cada um); criar relações de serviço na família; ser associado buscando o bem do grupo.

C E L E B R A R

Devagar ler 1Cor 12,31 e 13,10. Preces espontâneas relativas ao assunto.

Para casa: Reler Mc 12,28-34. Ler Mc 13,24-37.

Amar é servir

Todos:

Canto "Em nome do Pai..."

Coordenador:

Entre as atitudes mais aconselhadas por Jesus, o amor se sobrepõe. Não só Jesus, mas todos falam que o amor é o mais importante na vida.

Todos:

Mas o que é o amor? Como compreendê-lo e como viver no amor?

Todos:

Canto à escolha.

Gesto: Alguém da turma entra e se coloca no meio com alguns pães.

Coordenador:

Qual é o primeiro mandamento?

Todos:

Ame o Senhor, seu Deus, com todo o coração, com toda a sua alma, com todo o seu entendimento e com toda a sua força.

Coordenador:

E é só isso?

Todos:

Não, Jesus acrescentou: "Ame seu próximo como a si mesmo".

Coordenador:

E quem é meu próximo?

Todos:

É o assaltado, deixado quase morto na beira da estrada.

Coordenador:

E como amar o assaltado?

Todos:

Cuidando de suas feridas, dando de comer. Amar é servir no que for preciso.

Coordenador:

Mas como Jesus amou?

Todos:

O Filho do Homem veio para servir, e não para ser servido.

Coordenador:

Como Jesus serviu?

Todos:

Colocando-se à disposição dos que precisavam de maiores cuidados.

Coordenador:

Como Jesus fazia isso concretamente?

Todos:

Curando o cego, o paralítico, perdoando a mulher adúltera, tirando a febre, mostrando o coração misericordioso do Pai.

Coordenador:

E como Jesus levou este servir até o fim?

Todos:

Jesus deu sua vida para ser fiel à proposta do novo mundo.

Canto à escolha.

Gesto: Aquele que está com os pães partilha com todos.

Coordenador:

O pão é nossa vida.

Todos:

O pão é nossa vida a serviço de todos da família.

Coordenador:
O pão é nossa capacidade.
Todos:
O que queremos colocar a serviço da sociedade.
Coordenador:
O pão é nossa profissão.
Todos:
E por meio dela, queremos ajudar a construir o novo mundo.
Coordenador:
O pão é nossa fé.
Todos:
Que partilhamos para que juntos com os outros encontremos caminhos de vida verdadeira.
Coordenador:
O pão é tudo o que somos e temos.
Todos:
Existimos em função dos outros.
Coordenador:
Agradecemos, Senhor, pelo amor, pelo servir.
Todos:
Ajuda-nos a acolher esta nossa vocação.
Canto: "Senhor, fazei-nos instrumentos de vossa paz".

39º encontro

Esperança final

Ver

Conhecemos pessoas que não têm esperança? Parece que tudo deu errado na vida delas. Não esperam mais nada. Vivem de um dia para outro, sem muito objetivo. Às vezes ficam até desesperadas, porque acham que uma desgraça pode acontecer a qualquer momento. É bom viver assim?

Julgar

> *Mc 13,24-37*: É uma linguagem apocalíptica, muito usada naquele tempo, que por meio de fenômenos da natureza descreve a ação de Deus na história.
> *Filho do Homem*: Uma maneira de falar do Messias.
> *Sobre as nuvens*: Imagem que expressa a presença de Deus como Senhor da história.
> *Atenção*: É bom lembrar que essa linguagem não é para ser entendida ao pé da letra.

Ler Mc 13,24-37. Jesus prepara os apóstolos (e todos nós) para enfrentar as crises. Crise não é ausência de Deus. Crise pode ser sinal de que algo novo está em andamento (o Reino). E essa crise nos obriga a pensar como colocar Deus presente na novidade que surge. Jesus deixa claro: a última palavra é com Deus, e de Deus.

Não é importante saber quando e como a última intervenção de Deus vai acontecer. Haverá o fim do mundo? Quando e como? Ninguém sabe. Mas o importante é saber que a intervenção de Deus fará deste final algo bonito, algo desejável. Por isso é necessário ter esperança, a confiança de que o final será maravilhoso. Isso nos dá uma força para viver animadamente nossa vida, mesmo nas crises. O projeto de Deus se realizará. Nunca podemos desanimar. Nosso compromisso não é tanto com o sucesso que conseguimos, e sim com a força animadora de a cada vez tentar de novo realizar esse projeto de Deus. Cristão, seguidor de Jesus, é um teimoso na esperança. Sabemos que nossas fracas realizações do Reino estarão presentes no resultado final.

Por isso Jesus disse: "Não fiquem apavorados sobre as confusões que possam acontecer". Antes vigiem, tenham toda atenção para buscar o melhor, para escolher o caminho certo nas crises que aparecem. Nada de medo, mas sim esperança vigilante.

Agir

O que nos faz, às vezes, pessoas desiludidas, desanimadas para enfrentar uma luta por melhor situação? Como poderemos tomar uma nova postura nas lutas populares a partir da fala de Jesus hoje? Acreditamos realmente no final feliz?

C E L E B R A R

Colocar um ramo verde no centro da turma. Comparar com a figueira do evangelho. O que diz isso para nós?

Rezar Salmo 46(45): Deus presente nas dificuldades.

Canto: "Quando o dia da paz renascer".

Para casa: Reler Mc 13,24-27. Ler Mc 14,12-25.

40º encontro
Páscoa de Jesus. Instituição da eucaristia

Verdadeiros cristãos não são pessoas desiludidas ou desanimadas. Por quê? O que nos sustenta na busca de melhorar o mundo, mesmo quando conseguimos pouca coisa?

Ver

Você já reparou? Muitas vezes acordos ou momentos importantes são festejados ou celebrados com uma refeição. Dê exemplos. Na festa de 25 anos de casamento se celebra com um almoço festivo tudo o que o casal viveu nesses anos.

Julgar

Jesus pinta o contraste: ele, Jesus, vive sua doação atual. Judas, que participa da mesa, da intimidade, "aquele que põe a mão comigo no prato", irá traí-lo.

Primeiro dia dos ázimos: O pão sem fermento usado na celebração comemorativa da Páscoa dos judeus. Em forma de refeição se celebrava a libertação da escravidão no Egito.

Ler Mc 14,12-25. Todos os anos Jesus celebrava a festa da Páscoa com os discípulos. O pai de família, Jesus como o líder do grupo, relembrava a ação libertadora de Javé. Era a festa do Deus-Libertador, que não aceita opressão ou dominação.

Jesus veio, da parte deste Deus-libertador, justamente para este projeto libertador, pregando o Reino. Ele deixa claro que esse Reino acontece à medida que tudo neste mundo funciona conforme a vontade do Pai. Em poucas palavras: o Reino se realiza na medida em que todas as pessoas possam viver dignamente, alegres, sentindo-se respeitados/as, com suas necessidades básicas satisfeitas, quando todos dão espaço ao irmão e a Deus em sua vida. Jesus, em vida e palavra, apresentou essa proposta. E, por isso mesmo, encontrou resistência. Jesus sabia que essa resistência estava chegando ao ponto final. Todos pressentiam sua morte.

Neste contexto Jesus se senta à mesa da Páscoa judia com os seus pela última vez (última ceia). Comendo, Jesus celebra essa Páscoa, como todas as famílias faziam. Mas, no meio do ritual, Jesus inova. Jesus celebra a nova aliança. Pegou o pão, partiu e repartiu. Pegou o cálice e deu para todos beberem, e disse: "Sou eu mesmo. Estou disposto a ir às últimas conseqüências na fidelidade ao projeto do Pai, na fidelidade ao amor-serviço que vivi por vocês e por todas as pessoas". Assim Jesus celebrava antecipadamente o fim que todos pressentiam. Jesus celebrava sua vida, sua páscoa, paixão, morte e ressurreição. E terminando pediu: "Façam vocês isto sempre, para eu poder estar presente no meio de vocês". Foi a última ceia e, ao mesmo tempo, a primeira missa/eucaristia.

Então a missa é para nós a refeição santa em que Jesus continua mostrando seu coração. Na missa a Páscoa de Jesus (vida-paixão-morte-ressurreição) se torna presente. "Eucaristia" significa "ação de graças". Na missa agradecemos pelo amor de Jesus, que o fez realizar sua Páscoa.

A melhor maneira de participar deste amor é *comer*. Comendo entramos na intimidade com Jesus e seu Reino. E é necessário arriscarmos a resistência que até hoje possa haver contra o Reino.

Agir

Na eucaristia lembramos Jesus que se doa a todos nós, que vive o amor-serviço até as últimas conseqüências. Nós nos colocamos na mesma luta, no mesmo sentido de vida. Como podemos viver nossa doação, nossa partilha? São esses gestos concretos que colocamos junto de Jesus na eucaristia, para ser apresentados ao Pai.

CELEBRAR

Colocar um pedaço de pão no centro. Todos se dão as mãos. Cada um lembra algum gesto de partilha, de doação que viveu ou viu. Depois: Rezar o pai-nosso. Um dos participantes pega o pão e parte e reparte. Cada um, com o pão na mão, oferece a um dos participantes, expressando uma mensagem de vida. Depois todos comem juntos.

Canto: "Antes da morte".

Para casa: Reler Mc 14-12-25. Ler Mc 14,26-72 e Mc 15,1-47.

41º encontro

Paixão e morte de Jesus

Ver

Nem toda dor é igual. Há situações dolorosas que precisam ser enfrentadas para se chegar a algo novo e bom. Por exemplo, a dor do parto. É enfrentada para que haja vida nova. Ou a dor de muito treinamento para alcançar um bom resultado no esporte, no estudo etc.

Julgar

Monte das Oliveiras: Sítio novo, perto da cidade de Jerusalém. *O espírito é forte, mas a carne é fraca*: o Espírito do Pai, o Espírito do projeto é forte. Nós (enquanto pecadores) somos fracos para executar o plano do Pai.

Rasgar as vestes: Gesto de indignação.

Na Páscoa soltava-se um preso: Indulto da Páscoa. O povo escolhia a quem soltar.

Meu Deus, meu Deus, por que me abandonaste? São as primeiras palavras do Salmo 22, que é a oração do justo perseguido. Jesus se identifica com o justo perseguido, o pobre do coração do Pai.

Elias: Havia uma crença de que o profeta Elias iria voltar para uma intervenção extraordinária de Deus.

A cortina do Santuário se rasgou (cortina que separava a parte mais santa do Templo): A expressão quer dizer que a antiga religião recebeu golpe fatal com a morte de Jesus.

Ler devagar e com atenção Mc 14,26-72 e Mc 15,1-47. Tentar, em *grupo*, contar todo o relato da paixão e morte. Seguem alguns tópicos:

Jesus prediz a fuga de todos, mas depois os espera na Galiléia.

Agonia de Jesus. Ele fica sozinho. Discípulos não entendem nada. Oração ao Pai. A vontade do Pai vence.

Jesus é preso. Traição com beijo de um da turma. Um dos discípulos puxa a espada. Jesus não aceita esta defesa. Todos fugiram.

Jesus diante do Sinédrio: procuram argumentos para poder condenar. Nem falsas testemunhas deram certo. Depois a pergunta: "És o Messias?". Jesus confirma, embora de modo diferente do que eles pensaram. Já começam logo a tortura e humilhação.

Pedro cai na tentação. Para não ser preso também, nega que conhece Jesus.

Jesus diante de Pilatos. Pilatos não encontra argumento nenhum para condenar Jesus. Pilatos tenta aplicar o indulto da Páscoa. Os chefes atiçaram o povo para pedir a liberdade de Barrabás e exigir a morte de Jesus.

Flagelação de Jesus. Zombaria. Manto vermelho. Coroa de espinhos. Bater. Cuspir. Humilhação.

Crucificação. Obrigam Cirineu a ajudar a carregar a cruz. Não tomou vinho com mirra, o entorpecente. Jesus é pregado na cruz. Tipo de condenação para os piores bandidos.

Morte. Ficou três horas na cruz. Morreu às 15 horas, citando o Salmo 22. Deu um grande grito e morreu. A cortina do Santuário se rasgou. O oficial romano professa: "De fato, esse homem era mesmo Filho de Deus!".

Na última ceia Jesus fez a memória do Deus-libertador. Assim Jesus coloca sua morte no contexto de libertação vindo de Deus.

A morte escandalosa na cruz, como um bandido, foi causa da crise dos apóstolos. Eles esperavam outro tipo de messias. Levou tempo para eles descobrirem que Jesus era o Messias-Servidor.

Ficou claro, pelo relato da paixão e morte, que Jesus é morto porque incomodava o Sinédrio. Ia acabar com os privilégios deles. Não combinava o que eles e Jesus pensavam de Deus. Não foi o Pai que quis a morte de Jesus. Jesus descobriu que, para ficar fiel à vontade do Pai, ao projeto de Deus, tinha de morrer. Não optou pela morte, mas pela fidelidade ao Pai. Obrigado pelas circunstâncias, Jesus aceitou a morte. Ele morreu na esperança de que a morte levaria à vida.

Agir

São Paulo diz que nó precisamos completar a paixão de Jesus. O que são Paulo quer dizer? Jesus foi fiel ao Pai, e arriscou ser morto. Nós arriscamos tudo para poder ser fiéis ao Pai? Como acontece isso em nossa vida?

C E L E B R A R

Colocar um crucifixo no meio da turma. Colocar também, junto à cruz, recortes de jornais e revistas que falam de injustiça, de sofrimento do povo...

Momento de silêncio.

Depois cada um pode comentar alguns fatos fazendo a ligação entre a paixão de Jesus e a nossa participação hoje.

Depois juntos rezar o Salmo 22.

Canto: "Eu me entrego, Senhor, em tuas mãos".

Para casa: Reler Mc 14,26-72 e Mc 15,1-47.
Ler Mc 16,1-8.

42º encontro

A ressurreição de Jesus

Ver

Na história do povo há acontecimentos que têm muitas conseqüências para o futuro. Por exemplo, o movimento das "diretas já", milhões de brasileiros que foram para as ruas exigir a volta da democracia, depois do golpe militar. Ou as lutas históricas dos trabalhadores, que alcançaram o respeito quanto aos seus direitos.

Julgar

Primeiro dia da semana: Para a compreensão dos judeus, sábado era o 7º dia. Então o domingo era o 1º dia.

Perfumes para ungir o corpo: Os judeus, no enterro, ungiam o corpo. No caso de Jesus, a unção não podia ser feita na sexta-feira após o pôr-do-sol, porque já era dia santo, sábado. Então, fez-se no domingo cedo.

Pedra: O túmulo era muitas vezes uma cavidade na rocha, fechada com uma pedra.

Voltar para Galiléia: Na Galiléia Jesus começou sua caminhada com os discípulos. Veio a Jerusalém onde foi morto. Voltar à Galiléia é recomeçar o caminho de vida com os seus.

Ressuscitar: Ressurgir é levantar, despertar, voltar à vida. Para nós, cristãos, é passar para uma plenitude de vida que tem seu desabrochar na eternidade.

Ler Mc 16,1-8. Jesus ficou fiel ao projeto de Deus, ao Reino. Não recusou nem mesmo na hora da resistência e do perigo. Quando surgia a possibilidade da morte e, na hora do processo, ainda podia voltar, ele não se deixou tirar do caminho. Nem mesmo diante da vergonha da cruz. E o Pai viu seu filho na sua fidelidade. O Pai deixou claro que em Jesus a verdade, a liberdade, o verdadeiro caminho se realizaram. O Pai mostrou isso ressuscitando Jesus. E assim, pela ressurreição, o Pai declarou que tudo o que Jesus fez e agüentou é o caminho da felicidade. Sem ressurreição toda a vida de Jesus ficaria "no ar", sem confirmação. Agora, com a ressurreição, tudo ganhou sentido. Deus está com a última palavra. E esta não é a morte, e sim a vida. O Pai de Jesus, que também é nosso Pai, é o Deus da vida.

Jesus ressuscitado é a certeza do final feliz. É a razão de nossa esperança ("sem ressurreição é vã a nossa fé"). Jesus, vencedor da morte, é o caminho que leva à salvação, à libertação, à vida plena. Jesus ressuscitado está presente na história. Tornou-se Senhor da história, capaz de levá-la a seu verdadeiro fim.

Na ressurreição se completou a páscoa de Jesus. Sua passagem (páscoa) é vida paixão-morte-ressurreição. Jesus não apenas voltou à vida anterior, mas alcançou esta vida num nível maior. Vida sem morte, sem dor, sem lágrima, com felicidade total.

Ser discípulo de Jesus é ser chamado a realizar a mesma Páscoa. Viver nossa vida do jeito de Jesus, enfrentar resistência pelo fato de ser semelhante a Jesus. Por isso haverá cruz para nós, mas cruz que leva à ressurreição. Depois de nossa morte a ressurreição desabrochará por completo. Aí seremos, de corpo e alma, por inteiro, felizes para sempre, junto do Pai.

Agir

Convictos da veracidade do chamado de Jesus, podemos e devemos arriscar tudo. Há situações em nossa vida que trazem resistência por causa de nossa opção por Jesus? Como reagimos? Onde buscar força? Como defendemos a vida em nosso dia-a-dia? Nossas opções políticas são para defender a vida ou para buscar interesses?

CELEBRAR

Círio pascal aceso no meio da turma. Cada um lembre o sinal de vida presente em nossa sociedade ou comunidade. Depois, agradecer a Deus (espontaneamente) por esses sinais. Pedir força para podermos defender a vida.

Para casa: Reler Mc 16,1-8.

43º encontro

Testemunhas de Cristo ressuscitado

Ver

Você já assistiu a um julgamento, ao vivo ou na TV? Qual o papel da testemunha? Já presenciou algum acontecimento importante que depois foi solicitado a testemunhar? Conte... Testemunha é sempre de confiança? Pode haver engano?

Julgar

Testemunhar só é possível quando se experimenta e participa do fato. Quando eu vi, estava presente. Na Bíblia sempre é assim. As pessoas experimentam a presença, a atuação de Deus e depois testemunham tudo o que aconteceu. Fazem questão de que os outros, por meio dos testemunhos deles, participem da alegria, da esperança, da certeza da presença de Deus no caminho. Assim foi com Abraão, Moisés, os profetas. A experiência de Deus é tão profunda, tão abrangente, que envolve toda a pessoa. Muitas vezes as testemunhas começam a viver em função dessa experiência que fizeram. Moisés, por exemplo, experimenta o Deus como libertador. Tudo o que ele depois fez e realizou em sua vida foi a partir desta experiência de Javé libertador.

Na vida de Jesus percebemos a mesma coisa. Ele vive a partir de uma profunda união com o Pai. Suas orações eram a busca da experiência do Pai. Toda sua fala, todos seus gestos revelam uma preocupação constante de estar em profunda sintonia com o Pai.

Tanto, que acreditamos que Jesus é filho de Deus Pai. Ele veio testemunhar o coração do Pai, a vontade do Pai. Foi assim que o apóstolo Filipe disse: "Mostra-nos, ó Pai, e isto nos basta". E a resposta de Jesus foi em cima: "Felipe, quanto tempo está comigo e ainda não me conhece. Quem me viu, viu o Pai". Assim Jesus é a testemunha fiel do Pai. Para conhecer e experimentar o Pai, nós procuramos conhecer e experimentar Jesus.

A vida de Jesus na Terra foi apresentar a vontade do Pai. A proposta da nova sociedade, o reino, não agradou a todos. Para alguns foi péssima notícia, porque ia acabar com seus privilégios, com sua vidinha "gostosa" (egoísta). Então Jesus teve de enfrentar a resistência e acabou sendo condenado à tortura e à morte na cruz. Mas o Pai o ressuscitou, confirmando que tudo o que Jesus falou e fez é pura verdade, é a vontade de Deus.

Os apóstolos acompanharam tudo isso. Na hora, muitas vezes não entenderam. Mas depois que experimentaram Jesus ressuscitado eles conseguiram colocar todos os fatos em seus devidos lugares.

Antes os apóstolos estavam com medo, fugiram na hora da prisão. Pedro negou Jesus. Mas depois da ressurreição tudo mudou, reavaliaram toda a experiência que fizeram acompanhando Jesus e perceberam que a mão de Deus estava presente em tudo. Deixaram o medo de lado, tornaram-se testemunhas corajosas do Cristo ressuscitado. A Bíblia conta essa mudança no relato da descida do Espírito Santo (At 2,1-4). Nessa experiência toda (em que o Espírito Santo estava sempre presente) surgiu a esperança profunda que faz lançar para a frente: surge a certeza de que as coisas boas que Jesus fez e falou são realmente caminho de vida. A Bíblia insiste em dizer: os apóstolos são testemunhas oculares. Eles viram e ouviram. Nós, hoje, acreditamos nestas testemunhas oculares. Nossa fé está baseada nisso, mas também acreditamos que o Espírito de Deus continua agindo na história. Hoje ainda precisamos fazer a mesma experiência do mesmo Jesus no meio de nós, do mesmo Espírito Santo. E, a partir dessa experiência, vamos testemunhar aos outros o que vimos e o que ouvimos. Quando recebemos os sacramentos do batismo e depois o crisma, celebramos essa presença e atuação do Espírito Santo e Jesus em nossa vida. Por isso se diz: "Quem é crismado é chamado a ser testemunha de Jesus no mundo de hoje".

Ser testemunha em todas as áreas da vida: na família, na escola, no trabalho, no lazer, no esporte. E o nosso testemunhar tem por finalidade ajudar a realizar o Projeto do Pai, o Reino.

Agir

Vamos formar alguns grupos e juntos analisar: acreditamos que Jesus é o rosto do Pai? Que ele é o caminho? Que somos convidados a experimentar Jesus em nossa vida? Como se dão essas coisas no mundo concreto, em nossa vida? Se somos chamados a testemunhar Jesus (o projeto do Pai), como podemos tornar isso bem concreto (por exemplo: diante do problema dos pobres; diante da opção pelos pobres-excluídos; diante da proposta de "partilhar")? Cada um, durante a semana, procure ter uma conversa sobre a fé com alguém. Deixar claro sua posição. Perguntar como aquela pessoa expressa sua fé.

Unção dos catecúmenos

Situada entre a renúncia e a profissão de fé, a unção dos catecúmenos[1] também pode ser antecipada durante o catecumenato e prevê-se a repetição do rito, se for oportuno.[2] Por isso se deduz que a unção é um símbolo polivalente, tem caráter preparatório para o batismo, como também para toda a vida cristã batismal. Quer expressar

> a necessidade da força divina para que o batizando, libertando-se dos laços da vida passada e vencendo a oposição diabólica, faça convicto a profissão de fé e a mantenha firmemente toda a sua vida.[3]

O rito da unção é um sinal da ação com que Deus conduz à fé o batizando; um sinal de estreito relacionamento com a escuta da Palavra e a conversão interior. A unção com o óleo é realizada no peito, ou em ambas as mãos, ou ainda em outras partes do corpo, conforme a sensibilidade da cultura local, o que evidencia ainda mais a realidade de força divina que deverá tomar conta inteiramente do candidato, preparando-o para a luta.[4] Deverá aderir a Cristo na fé e no mistério do banho batismal, terá de lutar contra Satanás, ser ágil na luta, como o mesmo Senhor o foi uma vez para sempre na vitória pascal. Morrerá com Cristo para o pecado e, assim, ressurgirá participando de sua vitória.

Os Padres da Igreja vêem nos gestos litúrgicos a concentração da realidade que acontece ao longo de toda a vida cristã. A preparação para o embate do catecúmeno contra o tentador mostra

---

[1] Cf. nn. 26.2, 54, 65.6, 127-132, 206-207, 212, 218.
[2] Cf. n. 128.
[3] Cf. n. 212.
[4] Cf. ibid.

a condição de contínua luta ao longo de toda a vida cristã contra uma mentalidade oposta àquela de Cristo.

RICA 127. Se parecer conveniente que os catecúmenos recebam a primeira unção, seja ministrada por um sacerdote ou diácono.

128. A unção no fim da celebração da Palavra de Deus é dada a todos os catecúmenos. Por motivos especiais pode ser conferida a cada um em particular. Se for oportuno, podem-se ungir várias vezes os catecúmenos.

129. Use-se nesse rito o óleo dos catecúmenos bento pelo bispo na missa do crisma ou, por razões pastorais, pelo sacerdote, imediatamente antes da unção.

Celebração da Palavra

Sugerimos os seguintes textos: Rm 8,5-11; Sl 30; Sl 31; Mc 1,12-15; Mt 12,22-32.

Rito da unção

130. Apresenta-se a todos o recipiente com o óleo e, em seguida, quem preside reza a seguinte ação de graças:

Bendito sejais vós, Senhor Deus, porque, no vosso imenso amor, criastes o mundo para nossa habitação.

Todos:

Bendito seja Deus para sempre!

Quem preside:

Bendito sejais vós, Senhor Deus, porque criastes a oliveira, cujos ramos anunciaram o final do dilúvio e o surgimento de uma nova humanidade.

Todos:

Bendito seja Deus para sempre!

Quem preside:

Bendito sejais vós, Senhor Deus, porque, através do óleo, fruto da oliveira, fortaleceis vosso povo para o combate da fé.

Todos:

Bendito seja Deus para sempre!

Quem preside:

Ó Deus, proteção de vosso povo, que fizestes do óleo, vossa criatura, um sinal de fortaleza (se o óleo não estiver bento e quem preside for sacerdote, diz: abençoai ✠ este óleo e), concedei a estes catecúmenos a força, a sabedoria e as virtudes divinas, para que sigam o caminho do Evangelho de Jesus, tornem-se generosos no serviço do reino e, dignos da adoção filial, alegrem-se por terem renascido e viverem em vossa Igreja. Por Cristo, nosso Senhor.

Todos:

Amém.

132. Quem preside diz:

O Cristo Salvador lhes dê a sua força simbolizada por este óleo da salvação. Com ele os ungimos no mesmo Cristo, Senhor nosso, que vive e reina para sempre.

Os catecúmenos:

Amém.

Cada um é ungido com o óleo dos catecúmenos no peito ou em ambas as mãos ou ainda em outras partes do corpo, se parecer oportuno. Se os catecúmenos forem muitos, podem-se admitir vários ministros.

Quem preside conclui com a bênção final.

Sumário

APRESENTAÇÃO 5

PLANO GERAL DA OBRA 6

UNIDADE 1 – SOMOS UM GRUPO 23
1. Quem sou eu? 23
2. Quem sou eu? Quem somos nós? 24
3. O grupo é importante 26
4. Maturidade 29

UNIDADE 2 – O PROJETO DE DEUS 31
5. Javé, Deus-Libertador 31
6. O projeto de Javé – Os mandamentos 33
7. Jesus: sua terra, seu povo, sua proposta 35
8. Jesus dá pleno cumprimento ao projeto de Javé 39
9. Jesus se coloca ao lado dos excluídos 41
   Preparação da entrada no catecumenato 44
   Celebração da entrada no catecumenato 45

UNIDADE 3 – O DISCIPULADO EM MARCOS 53
10. Visão geral do evangelho de Marcos 53
11. Jesus anuncia a Boa-Nova e chama pessoas para
    segui-lo 55
12. Jesus ensina com autoridade 57
13. Jesus se revela pelas obras 59
14. Jesus perdoa os pecados 62
15. Jesus e a lei 65
16. Jesus chama e forma seus colaboradores 68
17. A verdadeira família de Jesus 70

18.	Blasfemar contra o Espírito Santo	72
19.	O Reino é como o semeador	74
20.	O Reino é como o grão de mostarda	76
21.	Tempestade na vida	79
22.	Jesus restaura a vida	81
23.	Deus age nas pessoas	84
24.	Banquete de morte	86
25.	Banquete da vida. Jesus provoca a partilha	88
26.	Jesus condena as falsas tradições	90
27.	Jesus escuta a voz do Pai na fala de uma pagã	92
28.	A fé cura nossa cegueira	94
29.	Seguir o Messias, até na cruz	97
30.	Jesus se transfigura	100
31.	É grande quem serve, e serve aos pequenos	102
32.	A dignidade do matrimônio	105
33.	Jesus e as crianças	109
34.	Reino é dom e partilha, perigo nas riquezas	111
35.	Jesus veio para servir	113
36.	A entrada do rei-Messias em Jerusalém	115
37.	O motivo da paixão de Jesus	117
38.	O mandamento do amor	119
	Amar é servir	121
39.	Esperança final	124
40.	Páscoa de Jesus. Instituição da eucaristia	126
41.	Paixão e Morte de Jesus	129
42.	A ressurreição de Jesus	132
43.	Testemunhas de Cristo ressuscitado	135
	Unção dos catecúmenos	138

Impresso na gráfica da
Pia Sociedade Filhas de São Paulo
Via Raposo Tavares, km 19,145
05577-300 - São Paulo, SP - Brasil - 2017